# BAMBU VITAE - Bambu de A a Z

Rogerio Cietto

Published by Rogerio Cietto, 2024.

BAMBU VITAE – Bambu de A a Z
Publicado por Rogerio Paiva Cietto no Draft2Digital
Copyright 2024 Rogerio Paiva Cietto
Obrigado por adquirir este livro. Sinta-se à vontade para compartilhar com seus amigos. Este livro pode ser reproduzido, copiado e distribuído para fins não comerciais, desde que o livro permaneça em seu formato original completo. Se você gostou deste livro, volte para Draft2Digital.com para encontrar outros livros deste autor. Agradeço seu apoio.

*E todos os moradores
do Egito saberão
que eu sou o Senhor,
porquanto ele se fizera
um bordão de <u>bambu</u>*
para a casa de Israel.
Ezequiel 29, 6*

* *cana, bambu, haste, junco e vara são possíveis traduções deste texto bíblico (קָנֶה)*

## PREFÁCIO

BAMBU VITAE – Bambu de A a Z

Plantio, beneficiamento e manufatura, inclusive aspectos econômicos, jurídicos e sociais.

Nosso objetivo é fazer com que o leitor conheça e domine toda a cadeia produtiva do bambu, desde o plantio (solo, clima, espécie adequada para o uso projetado), beneficiamento (colheita, tratamento químico, impermeabilização) e manufatura (casas, móveis, decoração, artesanato) e muito mais.

O bambu pode ser usado em substituição a madeiras e compensados, e até mesmo no lugar de alguns metais e plásticos, devido às suas características físicas peculiares.

Mas para isso é necessário conhecer tudo sobre esta fantástica planta, além das ferramentas e insumos adequados, bem como as melhores técnicas.

Pensa em se mudar para o campo sem precisar gastar uma fortuna com uma casa feia e quente de concreto armado?

Tem uma pequena propriedade rural e pretende mudar de atividade ou diversificar seus produtos?

Tem ou conhece uma indústria poluente e quer diminuir/zerar sua pegada ambiental?

Você é um *prepper* mas não tem muito orçamento para quando o grande dia chegar?

Gostaria de construir projetos simples, baratos, duráveis e ecologicamente equilibrados para sua família e comunidade?

Então puxe uma cadeira e fique confortável, este livro é pra você.

Bambu vitae é mais do que um currículo, é uma habilidade para a vida.

Seja bem-vindo, bons estudos e que Deus abençoe e ilumine sempre.

## ÍNDICE

# 1. INTRODUÇÃO

O bambu é uma planta da família das gramíneas (Poaceae), com aproximadamente 50 gêneros e mais de 1300 espécies, nativas de todos os continentes exceto na Europa.

Distribuição de bambus no mundo.

O bambu naturalmente é um material considerado leve, resistente, versátil, com características físicas e mecânicas semelhantes à madeira. Ele pode substituir muitos materiais na fabricação de vários produtos e pode ser usado na construção civil, na arquitetura e no design.

Acredita-se que este nome é uma onomatopéia do som produzido pela moita da planta ao pegar fogo (bam - bum). A pressão do ar aquecido no interior do bambu faz a peça explodir, gerando um estouro. Os primeiros fogos de artifício foram produzidos colocando pólvora dentro de bambus bem selados, e basta acender o pavio para obter uma explosão.

O bambu é uma planta ancestral, tendo seu uso descrito desde os anos 1600 a 1100 a.C., conforme consta em escritos chineses. Possui crescente importância para a humanidade, sendo conhecido como "o amigo das pessoas", na China, "o irmão", no Vietnã e "a madeira dos pobres", na Índia.

O termo "a madeira dos pobres" é interpretado equivocadamente como se o bambu fosse matéria-prima destinada somente à classe inferior da sociedade, porém, o significado verdadeiro desta frase é que a planta é de tão fácil acesso e com tantas qualidades que até as camadas menos favorecidas da população, em termos econômicos, podem ter acesso a essa matéria-prima, ao contrário dos produtos feitos de madeira, os quais, de uma forma geral, nem sempre são acessíveis à população de baixa renda.

O plantio do bambu possui ainda grandes vantagens, como o ciclo mais curto do que o da madeira; alta produtividade por hectare; crescimento rápido; custo baixo de plantio; facilidade de cultivo, utilizando ferramentas simples; baixo custo de manutenção, por ser pouco suscetível a doenças e pragas; tem importante função estética e paisagística, e pode ainda auxiliar na revitalização de áreas degradadas (recuperação pós-queimadas, p. ex.) e incrementar o sistema de reflorestamentos no Brasil, país que reúne grande quantidade de espécies desta planta e clima propício para seu pleno desenvolvimento.

O bambu é o vegetal com maior velocidade de crescimento na natureza. Seus colmos, como são chamadas as varas, atingem seu comprimento final (que pode ultrapassar os 30 m em algumas espécies) em até seis meses. Possui um poder de renovação muito grande, sendo que após o plantio, emite brotos anualmente, não sendo necessário replantá-lo. O corte seletivo dos colmos maduros, realizados anualmente, não prejudica a vitalidade da planta, e ainda proporciona uma maior ventilação e insolação para a mesma, contribuindo de forma positiva com seu desenvolvimento.

Considerada a planta dos "mil usos" entre os orientais, a depender da espécie utilizada, o bambu pode fornecer alimento, abrigo, calor, utensílios domésticos, ferramentas agrícolas, artesanato e uma série de outros itens, sendo vários com aplicação industrial, tais como o broto comestível em conserva, celulose e papel, material construtivo, móveis, produtos à base de bambu processado e laminado colado, entre outros.

O bambu é ainda "sequestrador" de carbono atmosférico, sendo uma cultura predominantemente tropical, renovável e perene, ou seja, sem a necessidade de replantio de produção anual, de rápido crescimento (colmos) o que o torna apto no desenvolvimento sustentável. Acredita-se que uma touceira de bambu lenhoso seja capaz de absorver até 80 kg de carbono por ano (2 toneladas por mês por hectare), gerando créditos de carbono, muito importantes para o desenvolvimento econômico do local.

O Brasil é o país que possui a maior reserva natural de bambu do mundo: fica no Estado do Acre e possui em torno de 70.000 km² de florestas com bambu, onde se encontram espécies do gênero Guadua, considerada por especialistas uma das mais adequadas para construção.

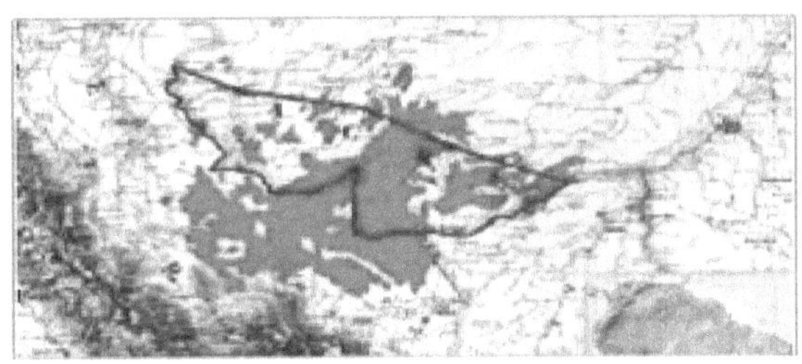

Além dessas, não é difícil encontrar diversas espécies asiáticas espalhadas pelo país, trazidas pelos portugueses de suas possessões na Ásia (Dendrocalamus Asper é a mais comum) e, mais tarde, pelos imigrantes chineses e japoneses (gêneros Sasa e Phyllostachys) que vieram trabalhar no ciclo do café.

A depender da região, o bambu recebe outros nomes, tais como taquara, taboca, taquaruçu, taquari, cana brava, entre outros.

Bambu é o nome que se dá às plantas da subfamília Bambusoideae, da família das gramíneas. Essa subfamília se subdivide em duas tribos, a Bambuseae que são os bambus chamados de lenhosos (taquara ou taquaruçu) e a Olyrae, os bambus chamados de herbáceos (taboca ou taquara mirim). Trata-se, portanto, de uma gramínea gigante, tal como o milho, a cevada, o trigo, a cana-de-açúcar, entre outras, não sendo uma árvore, como é comumente caracterizada pela maioria das pessoas.

Pelas características de seu colmo, é considerada uma planta lenhosa, classificada como angiosperma, pois tem as sementes protegidas e produz frutos, e monocotiledôneas, que são as plantas que possuem raízes fasciculadas.

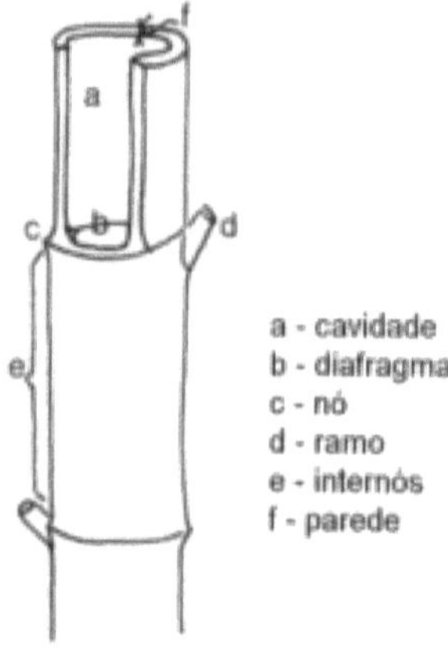


Para a devida compreensão do potencial do bambu é fundamental conhecer a distinção de suas duas formas de propagação:

**Grupo paquimorfo, simpodial ou entouceirantes**, que se desenvolve no espaço de forma aglutinada, formando moitas, com raízes na parte inferior. Denominam-se paquimorfos, por serem curtos e grossos; possuem gemas laterais que se desenvolvem em novos rizomas ou novos colmos.

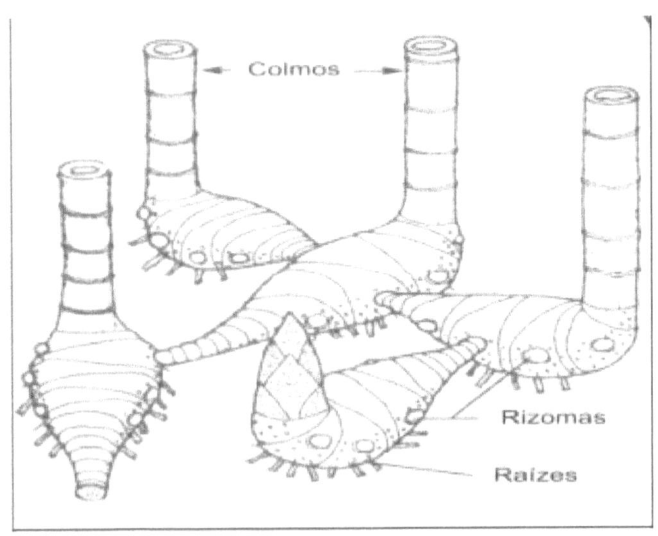

São espécies de zonas tropicais, compreendendo, entre outros, os gêneros *Bambusa*, *Dendrocalamus*, *Gigantochloa* e *Guadua* (este último considerado semi-entouceirante). Não devem ser plantados próximos de construções, para evitar danos com a sua queda.

**Grupo leptomorfo, monopodial ou alastrante**, se desenvolve no espaço de forma isolada e difusa, por rizomas cilíndricos, com uma gema em seus nós que, uma vez ativada, produz um novo colmo ou um novo rizoma. Ramificam-se lateralmente, percorrendo distâncias consideráveis e formando espessas redes que chegam a percorrer uma distância de um a seis metros em um ano, formando uma teia que pode atingir de 50 a 100 mil metros lineares por hectare. Desenvolvem-se melhor em zonas temperadas, compreendendo, entre outros, os gêneros *Arundinaria, Phyllostachys, Sasa, Semi-arundinaria, Shibatae* e *Sinobambusa.*

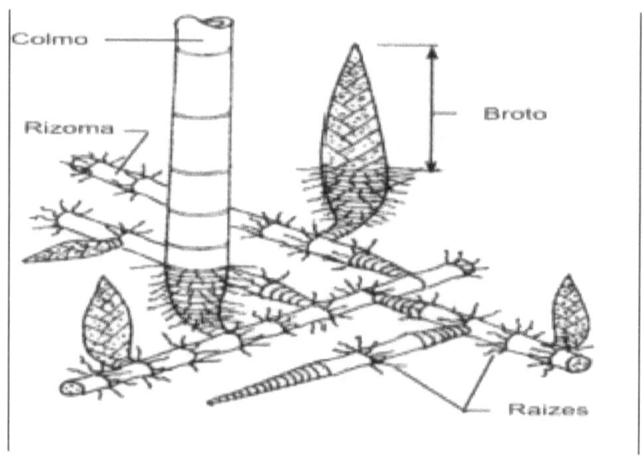

Um dos principais cuidados que se deve ter ao plantar uma espécie de bambu alastrante é com relação a sua contenção, já que o mesmo pode dispersar-se por longas distâncias de forma descontrolada, podendo causar problemas com propriedades vizinhas e a invasão de áreas indesejadas.

O avanço desse bambu pode ser controlado a partir de barreiras físicas existentes, tais como um açude ou uma estrada larga, a partir do uso de mantas divisórias, de grande espessura, enterradas, ou com a execução de uma vala com o mínimo de 50 cm de profundidade e 30 cm de largura.

O bambu é uma planta que se destaca não apenas pela sua beleza e versatilidade, mas também pelo seu potencial de transformar economias, comunidades e ecossistemas ao redor do mundo. Aproveitar toda a cadeia produtiva do bambu é um exemplo notável de como um recurso natural pode ser otimizado para gerar benefícios econômicos, sociais e ambientais.

Economicamente, o bambu é uma alternativa sustentável e de baixo custo a muitos materiais convencionais, oferecendo oportunidades de negócios que vão desde o cultivo até a manufatura de produtos finais. Sua rápida taxa de crescimento e capacidade de regeneração sem necessidade de replantio reduzem custos e aumentam a eficiência da produção. Além disso, a cadeia produtiva do bambu pode criar empregos em áreas rurais, impulsionando o desenvolvimento local e regional.

Socialmente, o cultivo e processamento do bambu podem ter um impacto positivo significativo. Através da formação e capacitação de comunidades locais, é possível promover a inclusão social e econômica. Pequenos agricultores e empreendedores têm a oportunidade de participar de um mercado crescente, que valoriza a sustentabilidade e a inovação. Esse aspecto social é crucial, pois fortalece a coesão comunitária e promove uma economia mais justa.

Ambientalmente, o bambu oferece uma série de vantagens. Como uma planta de crescimento rápido, o bambu sequestra grandes quantidades de dióxido de carbono e ajuda a combater as mudanças climáticas. Sua utilização reduz a necessidade de derrubar árvores e contribui para a preservação de florestas tropicais e outros ecossistemas vitais. Além disso, o bambu tem a capacidade de melhorar a qualidade do solo e prevenir a erosão, promovendo a saúde dos ecossistemas.

Portanto, o aproveitamento completo da cadeia produtiva do bambu não é apenas uma oportunidade para inovação e crescimento econômico, mas também um caminho para o desenvolvimento sustentável e a melhoria das condições sociais e ambientais. Ao integrar práticas eficientes e responsáveis, é possível maximizar os benefícios deste recurso natural e promover um futuro mais equilibrado e sustentável para todos.

"E o que estava assentado sobre o trono disse: Eis que faço novas todas as coisas." Apocalipse 21, 5. Cada momento histórico tem seu apogeu, para depois ser substituído por outro melhor, mais barato, mais durável, mais belo. Tivemos no Brasil diversos ciclos econômicos, do pau-brasil até a industrialização recente e desatrelada do meio ambiente. Está na hora de fazer novas todas as coisas novamente, através do desenvolvimento sustentável, econômico e social, e o bambu vai ser peça chave deste momento.

# 2. PRA QUE SERVE O BAMBU?

O bambu é uma planta incrivelmente versátil e útil em diversas áreas. Aqui estão algumas das suas principais aplicações:

1. Construção: O bambu é frequentemente usado como material de construção devido à sua resistência e flexibilidade. Pode ser encontrado em estruturas como casas, cercas, pergolados, pontes e andaimes, além de abrigos improvisados em situações de sobrevivência.

2. Mobiliário: Muitos móveis são feitos de bambu, como cadeiras, mesas e estantes. É apreciado por sua durabilidade e estética (mais bonito que o metal, mais durável que o compensado ou o mdf).

3. Artesanato e Decoração: O bambu é utilizado para fazer itens de artesanato, como cestas, vasos, painéis decorativos, talheres e utensílios domésticos. A vantagem neste caso é que, depois de gastos, ainda servem como lenha, ao contrário dos de plástico.

4. Alimentação: Os brotos de bambu são comestíveis e muito utilizados na culinária de várias culturas, especialmente na asiática. Costumam ser consumidos em saladas e doces. Nem todas as variedades de bambu são adequadas para consumo, e os brotos precisam ser bem fervidos para ficarem adequados ao consumo.

5. Papel e Têxteis: O bambu pode ser processado para produzir papel e tecidos, como o rayon de bambu, que é uma alternativa sustentável a outros materiais.

6. Controle de Erosão: A capacidade do bambu de crescer rapidamente e formar raízes profundas o torna útil para prevenir a erosão do solo, principalmente em locais próximos das margens de rios mas também em áreas de muito vento (erosão eólica), ou seja, evita que o local levante muita poeira e detritos, além de produtos químicos (defensivos agrícolas, por exemplo), lançados nas propriedades vizinhas e transportados pelo vento.

O mito popular de que "o bambu puxa água do solo igual eucalipto" precisa ser mais bem explicado: os bambus entouceirantes permitem a absorção de água pelo solo com mais facilidade do que a grama, ao mesmo tempo em que fazem mais sombra, evitando a evaporação da água do solo. No entanto, não se deve plantar bambus alastrantes perto de nascentes d'água, porque eles vão "abafar" a vegetação local.

7. Biodiversidade e Meio Ambiente: O bambu cresce rapidamente e ajuda na captura de dióxido de carbono, contribuindo para a mitigação das mudanças climáticas. Também oferece habitat para diversas espécies de fauna e flora.

Menos $CO_2$, mais umidade

Panda vermelho

8. Instrumentos Musicais: É usado na fabricação de instrumentos musicais, como flautas e outros instrumentos de sopro.

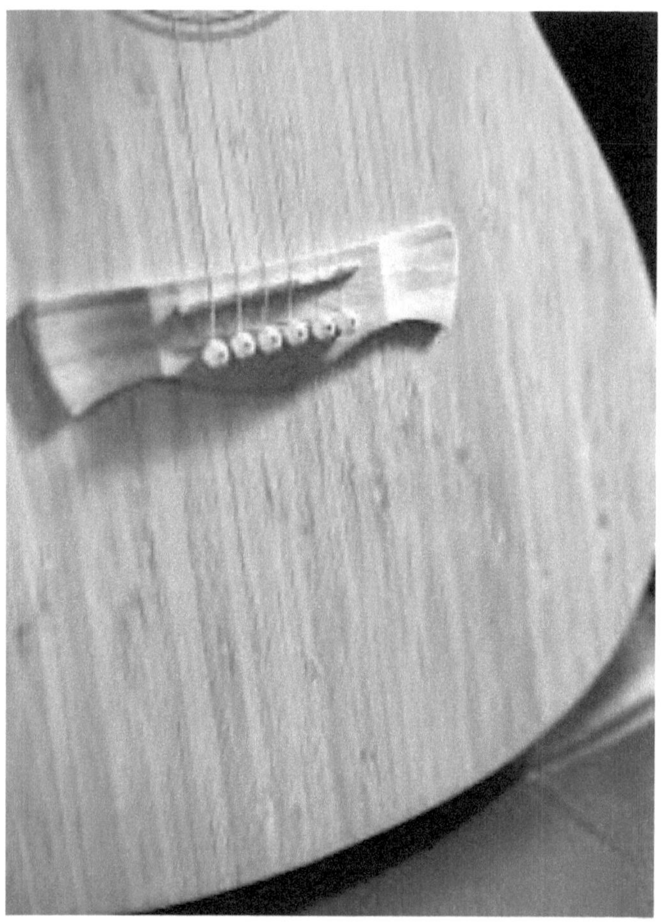

9. Carvão e Lenha: apesar de não ter o mesmo poder calorífico da madeira, a vantagem do bambu é que na grande maioria dos casos o aroma da seiva impregnada no bambu é mais agradável, da mesma forma que as árvores frutíferas.

10. Produtos de higiene e limpeza: a essência do bambu tem propriedades regenerativas para a pele, é rico em vitaminas, aminoácidos e sais minerais. Como chá, as folhas de bambu tem ação anti-inflamatória e reduz a ansiedade e o stress.

11. Paisagismo: é comum encontrar corredores de bambu em áreas turísticas, tanto para delimitar as áreas nas quais o acesso é permitido, como esconder os locais sem atrativos estéticos, como parques industriais, por exemplo. O bambu também é utilizado como cerca viva, impedindo os animais de saírem da propriedade, bem como evitar a entrada de invasores.

12. Tratamento de esgoto doméstico: é possível tratar o esgoto doméstico (água residuária de atividade higiênica e/ou de limpeza) em um tanque séptico simples e usar o efluente do tratamento em uma vala de infiltração, entre plantas de bambu entouceirante como o Asper e o Guadua. Dessa forma, o sistema terá grande eficiência e ainda será usada como fertilizante para o bambu, que por sua vez pode ser utilizado para diversas finalidades comerciais, industriais ou da propriedade.

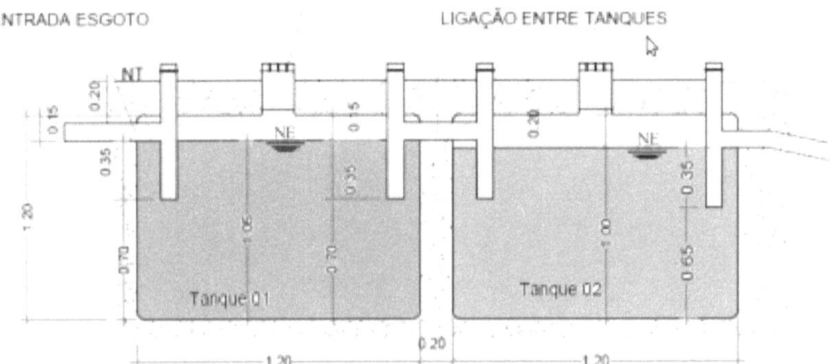


**TANQUE SÉPTICO - Contenedores 1.000 litros**

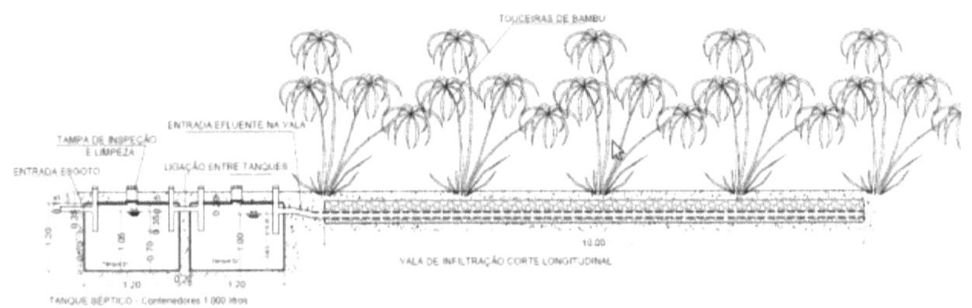

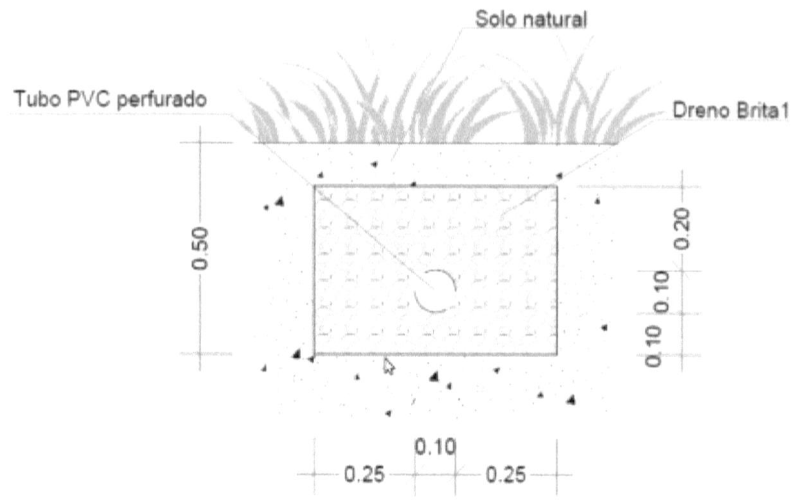


Sua rapidez de crescimento e suas propriedades ecológicas fazem do bambu uma opção sustentável e eficiente em muitos contextos.

Além destes usos mais comuns, o bambu também tem (ou teve) usos pouco comuns, que vale a pena conhecer.

O Demoiselle, avião projetado e construído por Alberto Santos Dumont, foi feito com estrutura de bambu.

A primeira lâmpada elétrica, inventada por Thomas Alva Edison, tinha um filamento de bambu em seu interior.

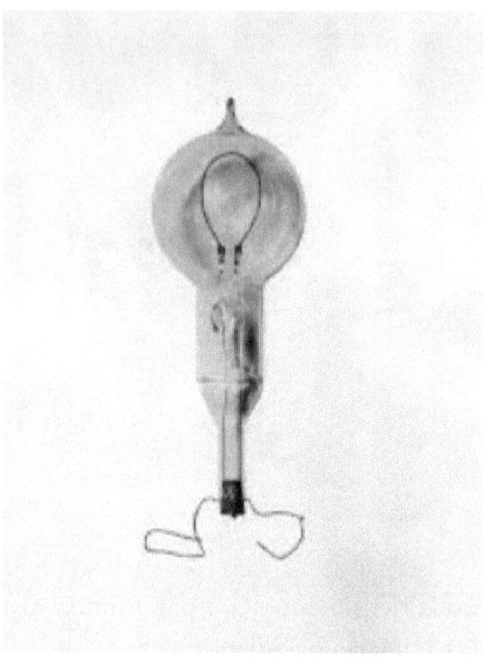

Durante a Guerra do Vietnã os soldados americanos se depararam muitas vezes com minas antipessoais feitas com uma munição, um pedaço de bambu e um prego. A munição era colocada no bambu e o prego no fundo, bem próximo da espoleta. Quando o soldado pisava no local a munição era acionada, ferindo o pé do combatente e tirando-o do combate. Também eram comuns as fossas com lanças de bambu, cobertas com folhagens, que serviam tanto para capturar animais como para impedir o avanço da tropa.

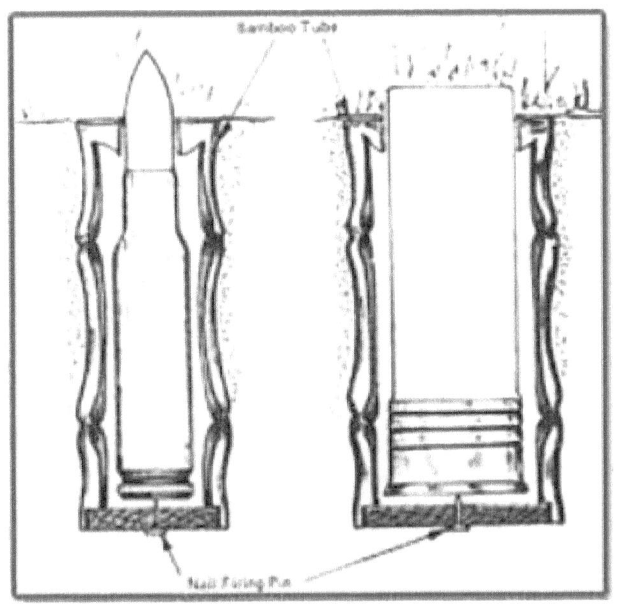


Bamboo Tube
Nail Firing Pin

Em situações de sobrevivência é possível utilizar o bambu também como local para armazenamento de água ou de alimento, já que um bambu lenhoso pode ter até 1 L de volume nos entrenós.

Ainda no tema sobrevivência, o bambu pode ser usado para a construção de armas para caça, como a zarabatana (movida pelo sopro), o arco e flecha e a lança, além de servir de cabo para outras ferramentas como martelos e machados.

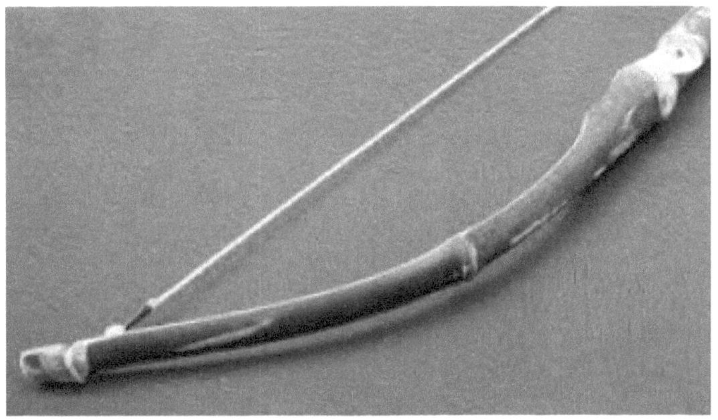

Pode ser usado também como vara de pescar, na obtenção de fogo e como panela para preparação e consumo de alimentos.

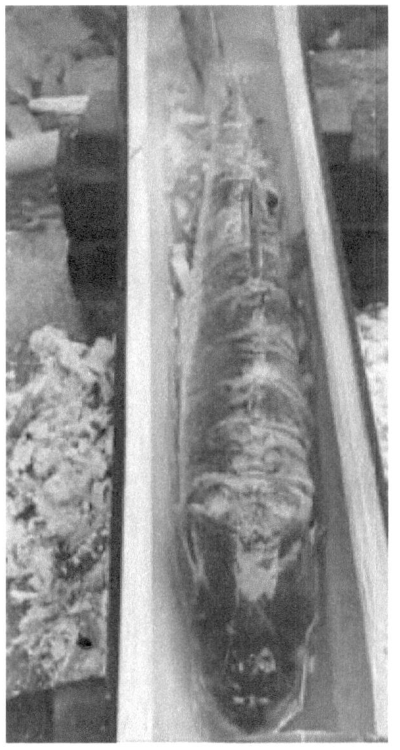

Como se não bastasse, o bambu é a melhor escolha para fazer jangadas, por ter excelente flutuabilidade e ser fácil de juntar as peças, formando um catamarã com boa segurança e manobrabilidade.

Museu do bambu, campus de Agronomia da Universidade Federal de Goiás (UFG).

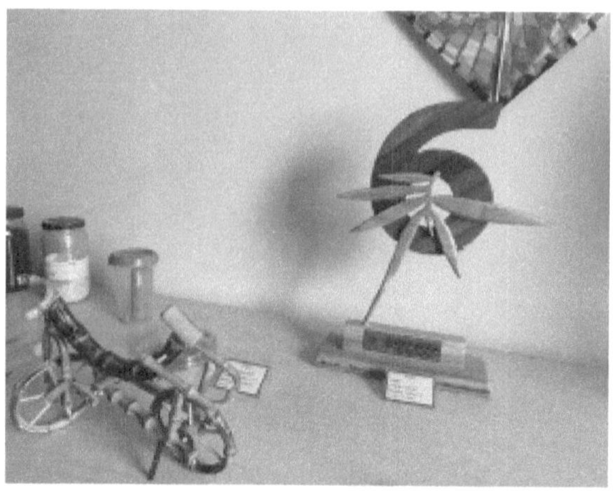

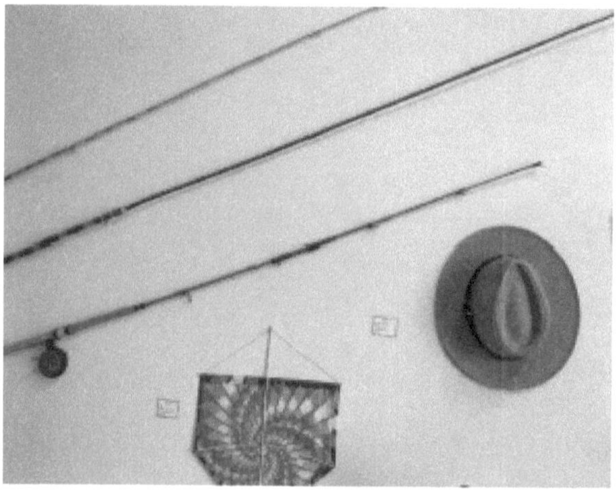

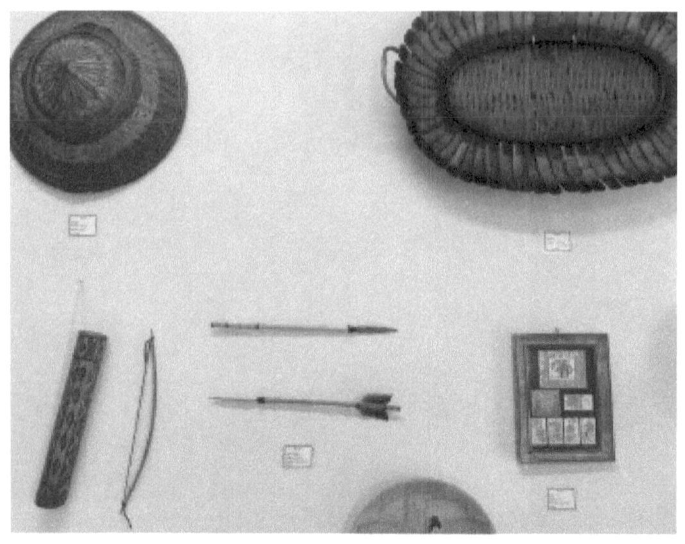

A Palavra de Deus em Jeremias 33, 3, diz: "Clama a mim, e responder-te-ei, e anunciar-te-ei coisas grandes e firmes que não sabes." Pode ser que Deus ainda tenha outros usos para o bambu. Basta perguntar.

# 3. IDENTIFICANDO O MELHOR LOCAL

A escolha do local adequado para plantar o bambu depende de diversos fatores, como o solo, regime de chuvas e clima, mas o principal fator é o motivo pelo qual você pretende cultivar esta grama gigante.

Em geral, o bambu aceita todo tipo de terra para se desenvolver, mas apresenta melhor resultado em terrenos arenosos e drenados de encostas, ou seja, pouca argila e pouco silte. Se o solo não for o mais adequado, vai ser necessário fazer uma cova mais larga e profunda (60 cm L x 40 cm H para os lenhosos, 40 cm L x 20 cm H para os herbáceos), e substituir 20 cm do fundo por terra mais adequada.

Bambu D. Asper plantado em solo inadequado, com desenvolvimento abaixo do normal.

A maioria das espécies exige bastante sol (mínimo de seis horas por dia) e chuvas perenes, mas uma vez estabelecidas as touceiras a planta consegue sobreviver sem necessidade de irrigação. Em climas secos como o semiárido e o cerrado vai ser necessário regar as mudas pelo menos no primeiro ano após o plantio, momento em que se pode diluir os nutrientes (NPK e outros) na água a ser utilizada.

Plante sempre no período das chuvas, claro. Caso as touceiras estejam perto de cursos d'água, não vai ser necessário se preocupar com irrigação. Nos demais casos, um reboque-pipa resolve o assunto.

Uma regra geral para descobrir se o bambu se adapta ao local é verificar as moitas já existentes. Já foi observado que a mesma espécie, plantada na mesma época, da mesma matriz, teve desenvolvimento mais lento próximo a uma estrada (solo argiloso muito compactado), mas cresceu bem no meio da propriedade, a uma distância de 200 metros (maior acesso a água da chuva, retida e absorvida pelas ondulações do terreno).

No entanto, a principal pergunta é: qual a sua finalidade com esta plantação?

Vamos definir as respostas com base nas duas principais características do bambu: lenhoso ou herbáceo, por um lado; e entouceirante ou alastrante, por outro. A partir desta definição você deve escolher a espécie mais adequada para o uso.

De maneira geral, os alastrantes crescem de forma mais espalhada onde cada colmo tem uma distância maior um do outro e são uteis para controle de erosão, pois fazem uma verdadeira rede subterrânea.

Os bambus entouceirantes, ao contrário, crescem de forma unida, formando moitas localizadas. São bons para paisagismo, trazendo diversas soluções como barreira de vento, barulho, fechamento de muro ou apenas para contemplação.

Para paisagismo e áreas próximas a construções, como casas e muros, o herbáceo entouceirante é a melhor opção, pois ele não vai invadir áreas indesejadas, não vai exigir muita poda nem oferecer risco de dano caso quebrem e venham abaixo. Bambusa textilis ou bambuzinho de jardim é a espécie que você precisa.

No caso de contenção de encostas para evitar erosão, ou cercas vivas em propriedades rurais com animais, o herbáceo alastrante vai cumprir a missão a contento, já que os rizomas vão formar uma teia subterrânea suficiente para segurar a terra no lugar. Neste caso, eventual invasão de ramos em áreas indesejadas tem que ser podado, mas até mesmo as estradas de terra batida são muito duras para a propagação do bambu, e o fluxo de veículos vai terminar o serviço. Da mesma forma, brotos de bambu ao alcance do gado não vão durar muito tempo. Phyllostachys aurea (Cana da Índia) ou Bambusa Tuldoides (Taquara) é a solução.

Para a construção civil, placas e paineis laminados e colados e corredores de bambu em estradas vai ser necessário usar bambus lenhosos e entouceirantes, como o Dendrocalamus Asper e o Guadua Angustifolia. Este tipo de bambu precisa ser plantado com um mínimo de 5 m de distância entre as touceiras, e longe de postes de energia, caixas d'água ou construções, no mínimo 10 metros.

Outra opção para construção civil é o Bambu-Mossô (Phyllostachys Pubescens), mas este é um bambu lenhoso alastrante. Ele é mais fácil de colher, já que seus colmos são mais distantes, mas se não houver contenção e poda constante esta cultura pode tomar conta de sua propriedade entre 10 a 15 anos.

Por fim, para biomassa os mais indicados são o B. Oldhamii e o D. Strictus, também considerados lenhosos e entouceirantes, mas de porte menor que o Asper e o Guadua.

A maioria das espécies é adequada para a produção de brotos comestíveis, exceto o gênero Guadua, que é muito amargo (nem o caruncho gosta muito). A espécie recomendada neste caso é o D. Latiforus.

"Porque, como o corpo é um todo com muitos membros, e todos os membros do corpo, embora muitos, formam um só corpo, assim também é Cristo." 1 Coríntios 12, 12. Aproveite bem o bambu, use-o onde ele tem o maior potencial.

# 4. PLANTIO, MÉTODOS ADEQUADOS

Imagino que antes de sair plantando bambu por aí você já escolheu o local adequado. Se não, vale a pena voltar para o capítulo anterior.

As duas principais formas de plantar bambu são as mudas e as sementes. Advirto desde logo que não é fácil encontrar no mercado sementes de boa procedência, porque o bambu pode levar até 120 anos para produzir flores e liberar sementes, dependendo da espécie. Assim, se as sementes estiverem secas, todo o seu esforço vai ser em vão.

Detalhe importante: se a touceira de bambu florescer, é sinal de que a planta está no final do seu ciclo de vida, portanto prepare-se para o replantio.

A melhor forma de obter uma muda de bambu é tirar um rizoma inteiro da planta e replantar. Nas espécies herbáceas é bem fácil, plante em um vaso com terra adequada e regue todo dia até surgirem os brotos. Quando as mudas estiverem com pelo menos 50 cm, pode plantar no local definitivo.

Em todo caso vai ser necessário limpar as outras plantas do local, principalmente as demais gramíneas. Em um ano o bambu vai fazer sombra e impedir que outras nasçam.

Para os bambus entouceirantes pode-se fazer também a estaquia, porque a planta tem uma capacidade muito boa de regeneração. Neste caso é possível fazer o plantio diretamente no solo, caso esteja no período de chuva. A planta deve ter no máximo um ano, e ser plantada no mesmo dia em que foi cortada.

Pedaços de bambu de 40 a 50 cm são suficientes, e você pode plantar na vertical (caso precise que elas cresçam rápido, na hipótese de fazer paisagismo ou corredores de bambu) ou na horizontal (se o objetivo é conter a erosão). Corte os galhos no primeiro nó.

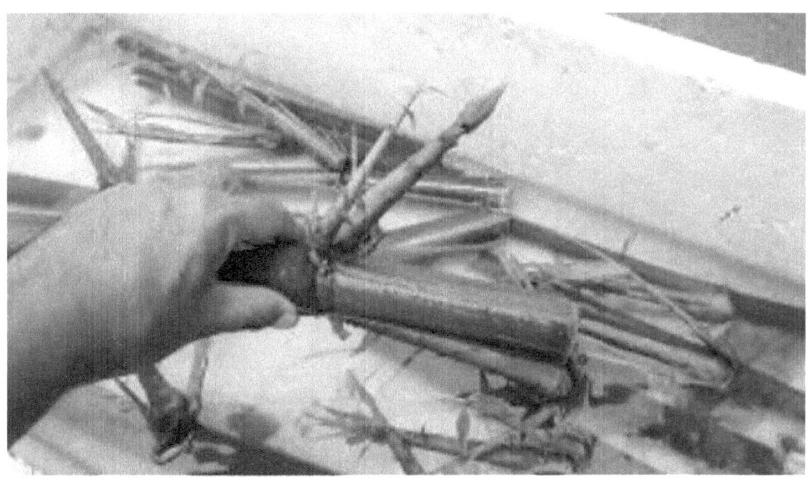

Para o bambu lenhoso é possível ainda plantar as touceiras antes mesmo da época das chuvas, como o Guadua Angustifolia e o Dendrocalamus Asper, pelo método do copinho.

Corte pedaços de 40 cm das partes mais grossas do bambu, e confirme se os nós ainda têm pelo menos uma gema intacta (formigas e cupins costumam se alojar nos bambus justamente através da gema).

Preencha o bambu com água e tampe com fita crepe. Não utilize fitas de plástico, a intenção é que a fita seja biodegradada em poucos meses. Da mesma forma, plante na vertical para crescimento maior na vertical, e na horizontal (faça um furo do tamanho de um polegar para poder preencher com água, e depois tampe com fita crepe), para crescer mais rapidamente na horizontal.

No momento do plantio coloque NPK 4 – 14 – 8 no solo, na parte de baixo da cova na qual vai a muda (nunca dentro do bambu), de preferência misturado com água para facilitar a adsorção (fixação ao solo). No primeiro ano pode colocar NPK 10 – 10 – 10 no solo, mas não em cima dos brotos. Sempre que possível misture o adubo com água.

Para fazer corredores de bambu entouceirante você precisa fazer o plantio com distância de cinco metros entre as touceiras, fazendo a triangulação para que os bambus do fundo fechem o vão entre as touceiras. A partir deste espaço você calcula quanto vai ser a largura do seu corredor.

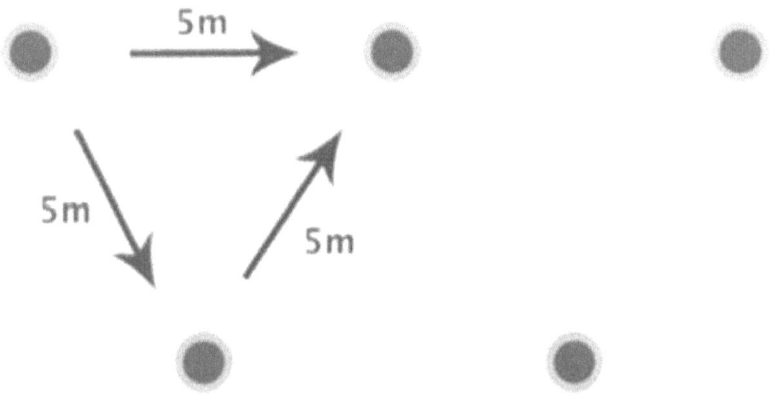


No plantio comercial (Guadua e Asper, por exemplo), raciocine que cada touceira vai ocupar uma área de 5 x 8 m (40 m$^2$), assim a touceira fica no espaço de 5 x 5 m e mantém um espaço de 3 m de largura para a passagem de um trator para recolher os bambus cortados. Depois de dez anos, quando o local estiver tomado por touceiras de bambu, você vai precisar deste espaço livre.

Última dica: não importa quem planta ou quem rega, mas sim Deus, que faz crescer (1 Cor 3, 7). Se algumas mudas não pegarem, continue tentando com fé e esperança, porque o Senhor te recompensará pelo seu trabalho, pois somos colaboradores de Deus, e a Sua Lavoura é o nosso coração.

# 5. COLHEITA, MÉTODO E MOMENTO ADEQUADO

Este é o quesito mais crítico para o sucesso do seu empreendimento com bambu. Muitas pessoas desistem justamente por falta do conhecimento básico nesta etapa.

Antes de continuar, vou apresentar abaixo o terror de todo aquele que se atreve a trabalhar com bambu, o caruncho (*Dinoderus Minutus*) ou broca de bambu:

Este inseto de 2,5 mm tem hábitos diferentes dos cupins e das formigas, já que ele não forma colônias, as quais podemos identificar e neutralizar. O caruncho se espalha e reproduz sem uma matriz ("rainha"), portanto os bambus suscetíveis alojam os ovos do inseto, e ao eclodirem ocupam novos bambus, destruindo uma construção em poucos meses, sobrando apenas a casca do bambu, toda furada.

Em suma, não é possível combater esta praga, é necessário evitá-la. Não adianta passar veneno, verniz, óleo queimado ou outro produto, você vai perder tempo e dinheiro. Saiba, contudo, que é fácil evitar a contaminação, desde que você se planeje e trabalhe neste sentido.

Para evitar o caruncho, é necessário seguir uma ou mais das seguintes etapas:

Sempre que possível, colher os bambus na lua minguante dos meses sem a letra R (maio, junho, julho, agosto), porque é neste período que a planta guarda nos rizomas a maior parte da seiva (leia-se, água com açucares dissolvidos, iguaria que todo caruncho gosta), para poder lançar novos brotos na primavera.

Este cuidado simples vai proporcionar uma vida útil ao bambu de até cinco anos, um pouco mais se você passar um bom verniz (mais barato) e um stain impermeabilizante (mais caro). Se a sua intenção não for comercial ou construção de casas e projetos grandes, já está de bom tamanho.

Esta solução vai exigir que você colha o bambu apenas durante quatro semanas específicas do ano, de acordo com o calendário solar e lunar. Se for apenas para limpar a touceira, ou você conseguir juntar um mutirão com motosserras, é possível colher bastante bambu (no caso do bambu lenhoso uma equipe de 5 pessoas experientes, com motosserra e cordas e muita saúde e disposição, consegue manejar de 5 a 7 touceiras por dia.

As ferramentas utilizadas vão definir se você é aventureiro, amador ou profissional. Um gaiato consegue derrubar bambus lenhosos apenas no facão, mas é comum neste caso que a parte de baixo apresente rachaduras (justamente a parte mais grossa e de maior valor). Além disso, o toco do bambu vai ficar todo marcado, o que pode prejudicar o desenvolvimento da touceira.

O bambuzeiro mais preparado vai usar também um serrote tubarão, motosserra e corda.

Este serrote entra facilmente entre as varas de bambu, permitindo o movimento mais rápido e enérgico, algo impossível apenas no facão, quando o bambu é entouceirante.

O bambuzeiro profissional vai usar todas as ferramentas (a motosserra pode ficar presa no bambu, vai ter que continuar o corte com as outras), além dos essenciais EPI's para os olhos, mãos e ouvidos (gravetos de bambu podem furar os olhos, cortar ou furar as mãos, especialmente nas rachaduras, e a motosserra a gasolina faz muito barulho). Os pés também precisam de proteção contra animais peçonhentos. EPI custa pouco, a saúde custa muito mais caro.

O corte adequado do colmo do bambu é logo acima do primeiro nó, sem deixar espaço para acumular água (do contrário o toco vai apodrecer e prejudicar os rizomas). Este é um problema comum com o bambu lenhoso, um pequeno cuidado que pode evitar um grande prejuízo. Para o bambu lenhoso, faça um nó de porco com a corda para puxar o bambu.

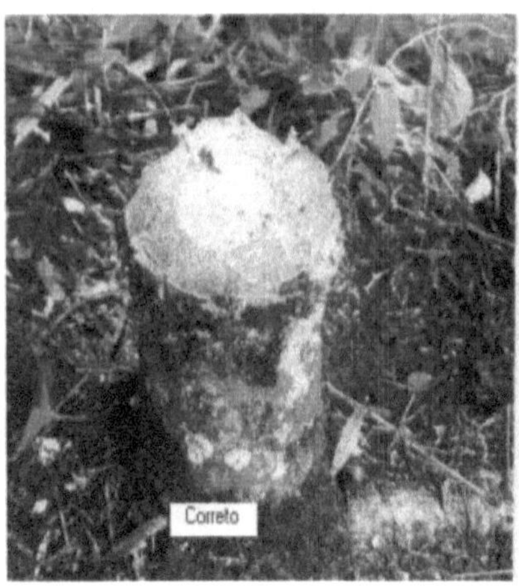

Colha apenas bambus maduros, ou seja, que tenham entre 5 e 7 anos. É fácil de identificar, eles perderam as bainhas e começaram a formar liquens. Estes indicativos mostram que o bambu já está bem formado.

Detalhe importante: depois de 7 anos o bambu naturalmente vai secar e morrer. Por isso é necessário fazer a poda anualmente dos colmos mais antigos (manejo sustentável), senão depois de 10 anos a moita vai ficar feia e os novos brotos não vão ter espaço para se desenvolver bem.

Bainhas do bambu

Liquens

Moitas de bambu sem manejo

Broto subdesenvolvido

Último detalhe: uma vez colhidos, começa a contar o prazo de 12 horas para fazer o tratamento químico ou com fogo, que veremos no próximo capítulo. Depois deste prazo as células do bambu (parênquimas) se fecham, e a seiva no interior do bambu vai se transformar em amido (uma delicatessen para os carunchos).

Portanto, se você for colher e tratar os bambus, planeje bem a quantidade que você tem condições de fazer o tratamento, para não perder seu serviço e prejudicar sua plantação. Caso as condições naturais sejam favoráveis (lua minguante em meses sem R), seu trabalho não estará de todo perdido.

No entanto, se a proposta é justamente extrair o máximo de seiva dos bambus para produção de cosméticos e produtos de limpeza, pode ignorar as recomendações acima e moer os bambus assim que forem colhidos.

"Como é grande a colheita que vem da tua bondade!" Salmos 65 (66), 11. Trabalhe como se tudo dependesse de você, e reze como se tudo dependesse de Deus (Santo Agostinho).

# 6. TRATAMENTO QUÍMICO OU COM FOGO

O tratamento do bambu é um divisor de águas em todo projeto que você for realizar, pois as varas vão durar de 15 a 20 anos. Todo trabalho realizado nesta etapa vai multiplicar seu ganho nas etapas posteriores.

Você pode tratar os bambus mesmo que não tenham sido colhidos na época adequada (lua minguante nos meses de maio a agosto), mas a facilidade de realizar o tratamento químico é nítida neste período, mesmo desconsiderando o calendário lunar.

Em suma, você pode organizar seu empreendimento para concentrar esforços na colheita e tratamento nestes quatro meses, deixando os demais trabalhos para o restante do ano. Nas varas colhidas em outras épocas basta aumentar a concentração do produto utilizado para obter resultados similares.

O tratamento adequado depende do tipo de bambu que você está trabalhando: para os bambus herbáceos apenas passar no fogo é suficiente. Pode usar um fogo de chão, um forno ou um maçarico. É nesta hora que surgem as explosões, portanto realize o procedimento em lugar aberto, com luvas e óculos de proteção. Faça movimentos no sentido das fibras do bambu até ele ficar amarelo escuro, sem queimar. Aproveite o líquido que sair do bambu para espalhar na casca, vai ajudar na proteção.

Os bambus lenhosos, muito mais grossos, precisam passar pelo tratamento químico. Você pode esquentar o bambu até ferver, vão sair bolhas de ar com a seiva, mas ainda assim não vai ser suficiente. Um bom forno pode fazer secar toda a seiva, mas se a temperatura do bambu ultrapassar os 90° C ele vai perder suas propriedades mecânicas, ou seja, não vai mais servir para construção, apenas para carvão e lenha.

A boa notícia é que, ao contrário do eucalipto, por exemplo, o tratamento químico do bambu é muito mais fácil, não exige grandes investimentos em ferramentas e é muito mais seguro, porque não se usa arsênico (infelizmente neste caso não há risco de explosão, o que tira toda a diversão da atividade).

Corte as varas no tamanho que você pretende usar, de acordo com a figura abaixo.

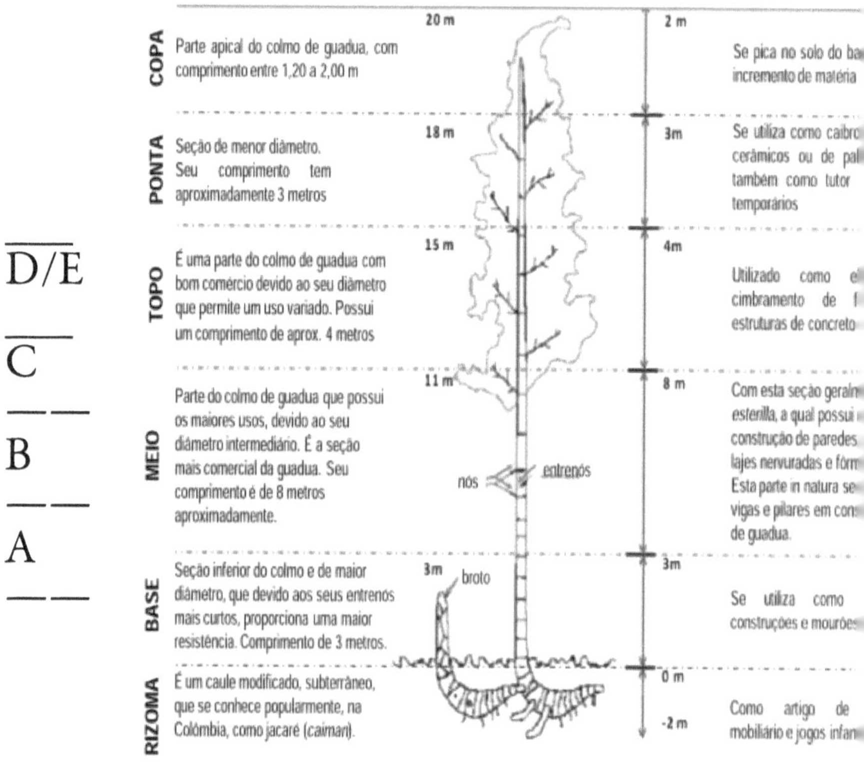


D/E
C
B
A

Podemos classificar os bambus para uso em construção em três tipos: A, B e C. O tipo D é da mesma espessura dos herbáceos, não servem para construção (no máximo para fazer duas conexões de bambus tipo

C). O tipo E é o galho do bambu, não pega tratamento químico (é útil apenas em sobrevivência, o chamado "parafuso de selva").

Dessa forma, depois de colher os bambus, separe os do tipo A (3 m a 3,5 m do colmo), os do tipo B (6 a 9 m a partir do fim do tipo A) e os do tipo C (3 a 6 m a partir do fim do tipo B) e trate cada um em seu conjunto. Os do tipo A podem receber solução mais concentrada, para garantir o sucesso do tratamento, mas não é de todo necessário.

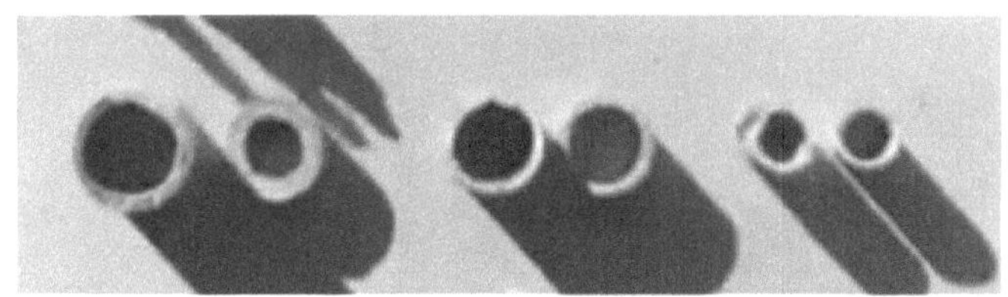

Bambus A, B e C

Podem ser usados vários produtos químicos para o tratamento do bambu lenhoso, já que o princípio é o mesmo: a seiva do bambu é uma base (pH entre 7 e 14) que precisa ser neutralizada por meio de um ácido (pH entre 0 e 7). Mesmo que o caruncho tente consumir um bambu com pH ácido (como às vezes tentam), ele vai ser eliminado em pouco tempo.

O ácido mais comum em nosso cotidiano é o sal de cozinha, cloreto de sódio (NaCl), e já foi utilizado para o tratamento de bambu com bons resultados. No entanto, o ideal é utilizar o bórax ($Na_2B_4O_7$ $10H_2O$), também conhecido como borato de sódio ou tetraborato de sódio, é um mineral alcalino derivado da mistura de um sal hidratado de sódio e ácido bórico, facilmente solúvel em água. O bórax é um inseticida natural, ou seja, vai eliminar os insetos presentes no bambu e prevenir que outros se alojem nas varas.

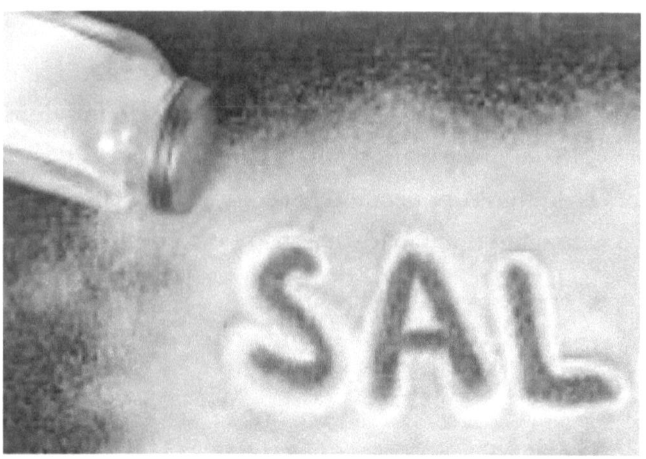

Outros produtos como o CCA (cobre, cromo, arsênico) podem funcionar também, mas são altamente tóxicos, enquanto o bórax tem toxicidade apenas 1,5 x maior que o sal de cozinha, que comemos todo dia e só faz mal se ingerido em excesso. Não vale a pena.

Sob o aspecto econômico, não faz diferença usar sal de cozinha a 10% (10kg de produto em 100 L de água) e usar bórax a 1% (1kg diluído em 100 L), portanto use o produto adequado sempre que possível, especialmente se a intenção é comercializar as varas.

Para o produto penetrar no interior das varas vai ser necessário fazer furos nelas, e neste momento surgem duas alternativas: furar os entrenós com uma barra de ferro (3/8" é suficiente, solde uma porca e uma arruela na ponta da barra de ferro para aumentar os furos dos diafragmas e permitir o preenchimento rápido com a solução preservativa).

Se você usar uma furadeira potente ou um martelete para bater a barra de ferro no interior do bambu, vai ser muito mais rápido o seu serviço, basta tomar os cuidados necessários para evitar acidentes, e o bambu precisa estar bem fixo.

Outra opção é fazer um furo de 1/2" em cada entrenó, para poder preencher com a solução. Neste caso tampe os furos com fita adesiva ou mesmo fita crepe (qualquer coisa que faça os furos ficarem bem tampados).

Se a proposta é preencher os bambus com argamassa ou espuma expansiva, os furos já estão prontos para serem preenchidos posteriormente, o que vai facilitar seu trabalho.

Caso você não disponha de tambores e máquina de solda (além de um bom soldador), e precise da parte externa dos bambus bem preservada, a alternativa é fazer os furos com a barra de ferro, mas deixe o último diafragma intacto. Assim você pode deixar os bambus em pé, bem amarrados, preencher com a solução preservativa usando um funil e tampar com fita.

Para evitar erros, use uma barra de ferro 40 cm menor do que o tamanho da vara, e corte as peças sempre próximo do nó. Por exemplo, para um bambu de 3,2 m use uma barra de ferro de 2,8 m. As varas com produto ficam muito pesadas, encontre um local apropriado para manter os bambus seguros durante o período de tratamento. Faça um andaime de bambu (mesmo sem ser tratado) para facilitar seu serviço e garantir a segurança da atividade.

Depois de furados os bambus precisam ser imersos na solução preservativa ou ser preenchidos com ela. Para a imersão os bambus podem estar na horizontal (a grande maioria das pessoas que trabalham com bambu fazem isso) ou na vertical.

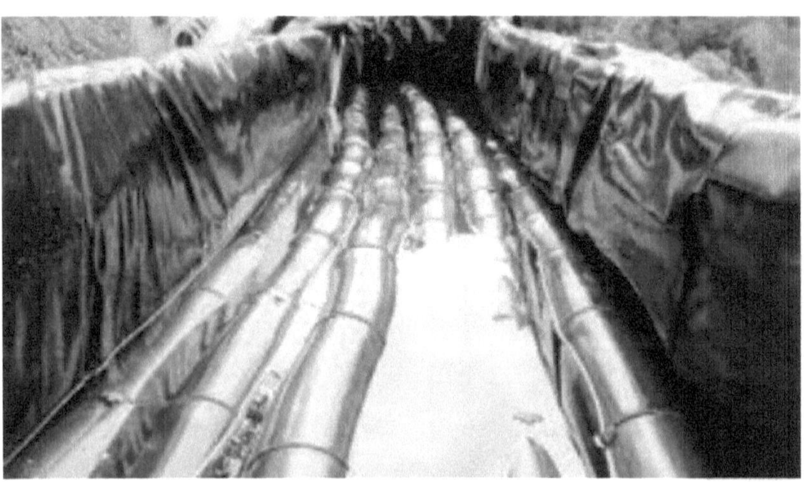

A vantagem de deixar as varas na vertical é a garantia de que toda a superfície interna do bambu entre em contato com a solução preservativa. Se uma bolha de ar se formar dentro do bambu, o tratamento será parcial (a casca do bambu não deixa passar o produto com a mesma intensidade do que a parte interna, por ter mais fibras e menos parênquimas), e você só vai descobrir a falha depois de alguns meses, quando o seu projeto estiver concluído).

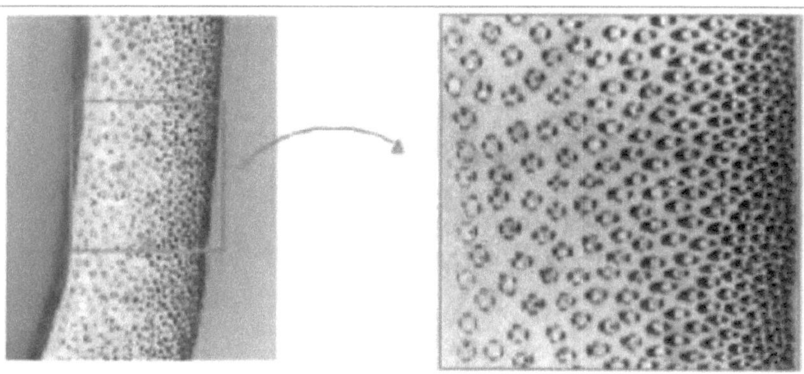

Parede de bambu, fibras na cor escura e parênquimas na cor clara
Caso a sua intenção seja fatiar os bambus em peças de até 80 cm, você pode fatiar desde logo e colocar nos tambores com a solução, deixando bem tampado.

O processo químico de tratamento dos bambus é bem simples: bactérias anaeróbicas presentes no próprio bambu consomem o açúcar da seiva por fermentação, como na produção de pães e vinhos. Por este motivo o recipiente precisa ficar fechado, ou vedar os bambus no caso de colocar a solução preservativa dentro deles. O produto químico (borax) vai entrar nos bambus por meio da pressão osmótica (o sal entra, o açucar sai).

Esse processo leva tempo, como toda fermentação que se preze. No caso do bambu entouceirante, por uma semana dentro do tambor (imersão) ou três a quatro semanas (preenchimento). É possível aquecer a solução para acelerar o processo (fica bom em duas a três horas), apenas no caso dos tambores, mas a temperatura deve permanecer entre 80° e 90° C para que o bambu não perca suas propriedades mecânicas.

Os bambus recém-tratados devem secar à sombra por pelo menos dois meses, para secarem devagar e não racharem (se rachar ainda pode usar fatiado, sem problema).

Último detalhe: o tratamento químico usa produtos solúveis em água, ou seja, se os bambus, mesmo depois de secarem, ficarem expostos à chuva, os produtos vão ser retirados aos poucos do bambu. Para evitar este problema você pode impermeabilizar com três produtos diferentes: o óleo queimado, o stain e o verniz.

Óleo queimado é o mais barato e fácil de passar, mas não vai ter bom acabamento final. Para aplicar é necessário aquecer o óleo ou o bambu, o que for mais conveniente. Para bambus que não vão ficar expostos (soterrados, dentro de concreto, etc), esta é uma solução viável.

Uma opção interessante para proteger bem os bambus que vão ficar soterrados é envolvê-los com uma manta impermeabilizante, impedindo que a umidade do solo apodreça o bambu com o tempo. Coloque a manta nos bambus até ficar 40 cm acima do nível do solo, para melhores resultados.

Óleo queimado

Verniz forma película, Stain fica impregnado

Bambu com verniz / Bambu com stain / Bambu in natura

Nosso Senhor Jesus Cristo nos ensinou no Sermão da Montanha: "Vocês são o sal da terra. Mas, se o sal perder o seu sabor, como restaurá-lo? Não servirá para nada, exceto para ser jogado fora e pisado pelos homens." (Mateus 5, 13-14). Se o fogo, o sal e o óleo são usados para preservar o bambu da corrupção, use também sua inteligência, seu trabalho e seus recursos para a sua salvação.

# 7. JUNÇÕES E CONEXÕES

O bambu lenhoso possui propriedades mecânicas suficientes para uso na construção civil, quando bem escolhidas as peças com propriedades estruturais.

| | Tipo C 50mm, parede 5mm | Tipo B 100mm, parede 10mm | Tipo A 150mm, parede 15mm |
| --- | --- | --- | --- |
| Flexão (kNm) | 0.1 | 0.7 | 2.4 |
| Cisalhamento (kN) | 0.3 | 1.0 | 2.4 |
| Torção (kN) | 10 | 45 | 100 |

Comparação entre pinus, bambu e aço, disponível na Deutsche Bauzeitung 9/97 <https://bambus.rwth-aachen.de/eng/reports/mechanical_properties/referat2.html>:

| $kN/cm^2$ | pinus | bambu | aço |
| --- | --- | --- | --- |
| compressão | 4,3 | 6,2-9,3 | 14 |
| tensão | 8,9 | 14,8-38,4 | 16 |
| flexão | 6,8 | 7,6-27,6 | 14 |
| cisalhamento | 0,7 | 2,0 | 9,2 |

Os valores nominais acima consideram os materiais no seu estado natural, ou seja, sem tratamento preservativo, furos ou preenchimentos. Não tenha dúvida de que uma vara de bambu recheada de argamassa (ou mesmo de espuma expansiva) vai ter uma resistência muito maior, especialmente na compressão.

Cabe aqui esclarecer dois pontos importantes: bambu é mais forte que o aço? Sim, mas apenas as peças estruturais, e no esforço de tensão e de flexão, comparando peças com a mesma massa. O aço continua na frente em matéria de compressão e de cisalhamento.

Ocorre que a elasticidade do bambu, ao contrário dos demais materiais na comparação, faz com que seu comportamento no momento de ruptura seja diferente, especialmente com o aço. Por não ter tanta elasticidade, uma barra de metal, depois de tensionada ou flexionada, vai permanecer nesta posição (plasticidade).

O bambu, ao contrário, vai voltar ao estado original (elasticidade) até chegar no ponto de ruptura, e mesmo neste caso (quando o bambu racha e colapsa), as fibras permanecem unidas, permitindo a preservação do conjunto e facilitando a troca da peça quebrada.

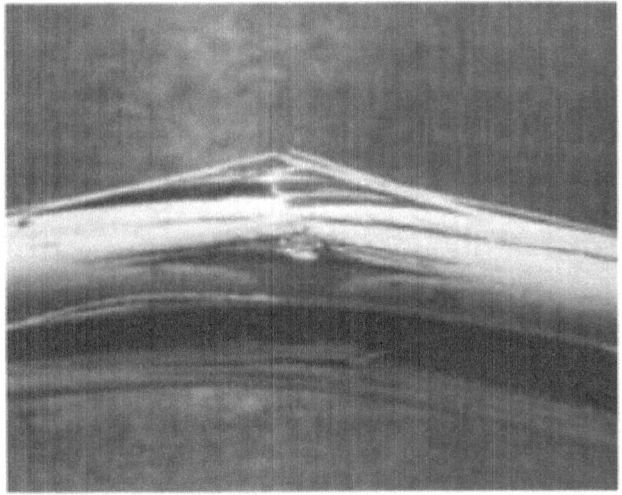

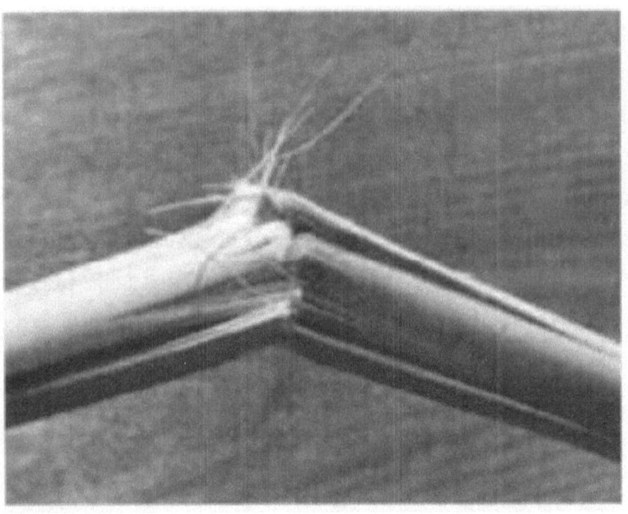

Segundo ponto, se ele é tão bom assim, porque é tão pouco usado? Por uma ou mais das razões abaixo.

A falta de conhecimento técnico necessário faz as pessoas que se aventuram com o bambu simplesmente desistirem, basta aparecer a poeirinha amarela do caruncho para atearem fogo em tudo, inclusive seus sonhos, porque desconhecem os métodos de preservação.

Antigamente a madeira de lei era acessível e os preços eram razoáveis, ao contrário dos dias atuais, já que hoje o corte de árvores nativas sem licença é crime ambiental inafiançável, e a autorização torna a atividade bastante onerosa.

Na cultura do consumismo atual é mais conveniente construir ou comprar uma casa de concreto armado e alvenaria, ainda que custe muito mais, uma vez que os hábitos das pessoas estão bem arraigados neste sentido.

Por fim, se a pessoa precisar de um financiamento imobiliário para construir sua casa, as estruturas de bambu não têm o mesmo valor comercial das casas de alvenaria ou da madeira, portanto não serve como parte da garantia hipotecária.

Hoje já existe uma norma técnica específica para construção com bambu, a ABNT NBR 16828-1:2020, ou seja, atualmente um engenheiro ou arquiteto tem segurança suficiente para assinar um projeto, desde que satisfaça as exigências.

Estas exigências seguem padrões internacionais encontrados também nos Manuais da Colômbia, Peru e Equador, entre outros, de acordo com a Organização Internacional pelo Bambu e Ratan <https://www.inbar.int/>.

Seguem os modelos previstos no Anexo A da norma técnica, fundamental para seu projeto ser um sucesso.

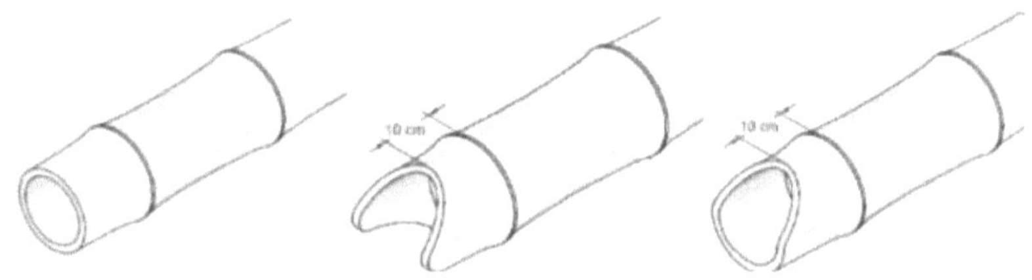


Corte reto Corte boca de peixe Corte bico de flauta

Estes dois tipos de cortes são usados para conexões perpendiculares ou em ângulo.

Detalhe importante: use sempre parafusos ou barras roscadas com galvanização a zinco ("zincadas"), uma vez que o óxido de ferro (ferrugem) vai fazer apodrecer o furo nos bambus em contato com o material, diminuindo o tempo útil do seu projeto ou exigindo a substituição de peças.

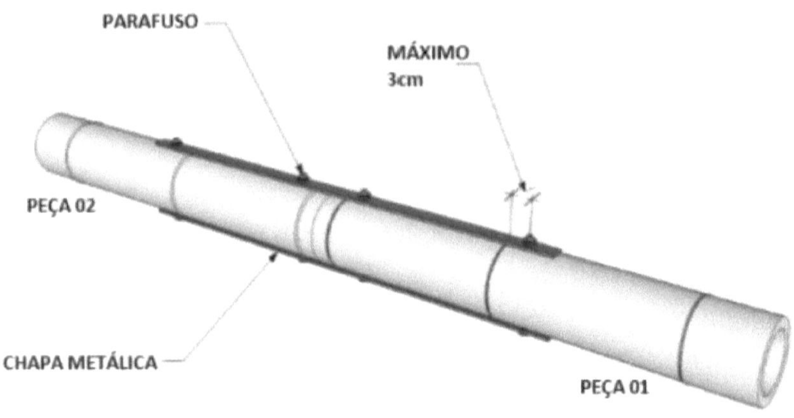



Junção de dois bambus com placas metálicas e parafusos

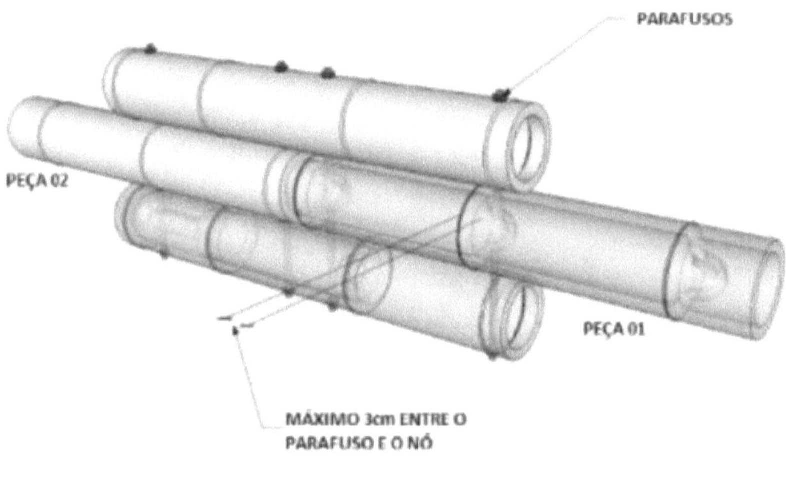



Junção de dois bambus com outras peças de bambu. Não utilize o bambu dividido ao meio, pois nesta condição ele perde aproximadamente 70% de sua resistência.

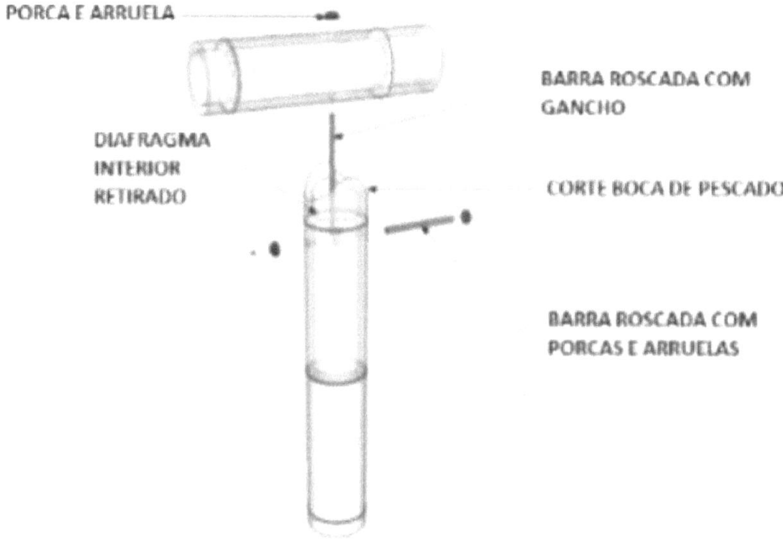


Junção perpendicular com anzol

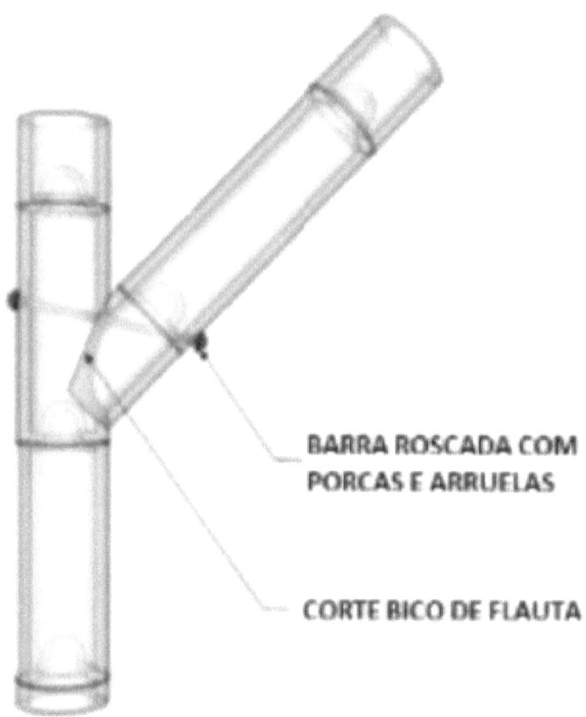


Junção em 45°, para colunas e vigas

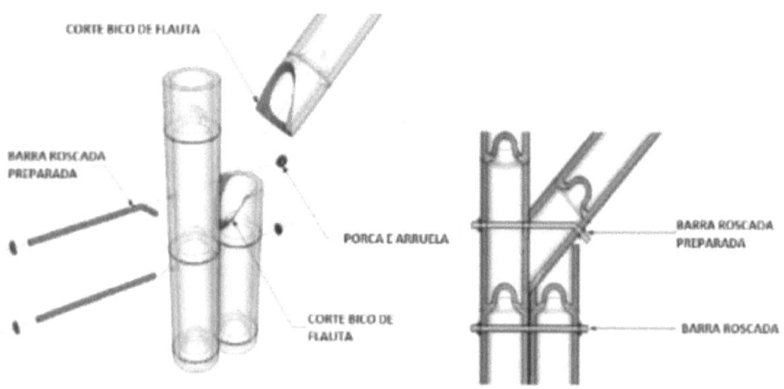


Junção em 45° reforçada

Conexão de anzol reforçada, usando um esticador de cordoalha e um parafuso, tudo 3/8"

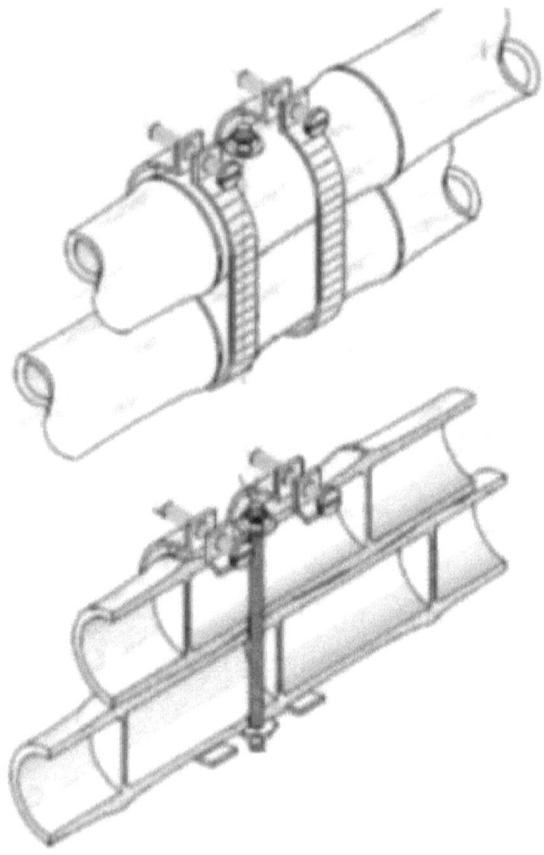

Cinta metálica (e barra roscada) para fazer colunas reforçadas

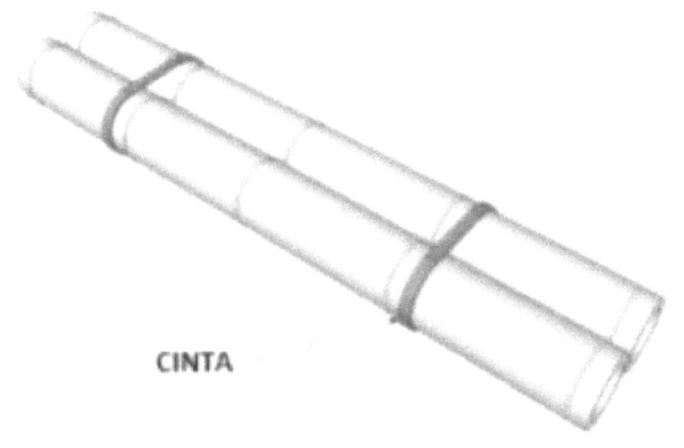



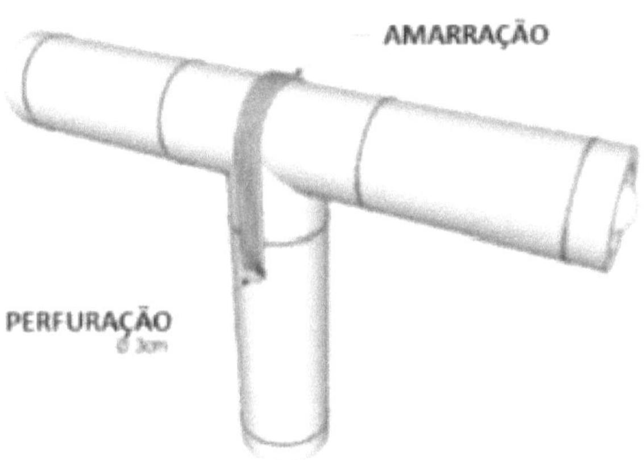



Ao unir dois bambus na longitudinal inverta um deles (base – topo junto com topo – base), assim a pequena variação na largura dos bambus fica compensada.

Conexão com madeira

Conexão com paracord

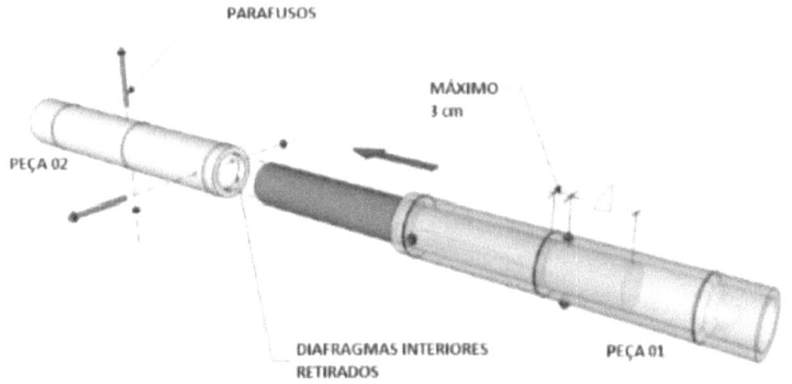


Conexão com bambu interno.

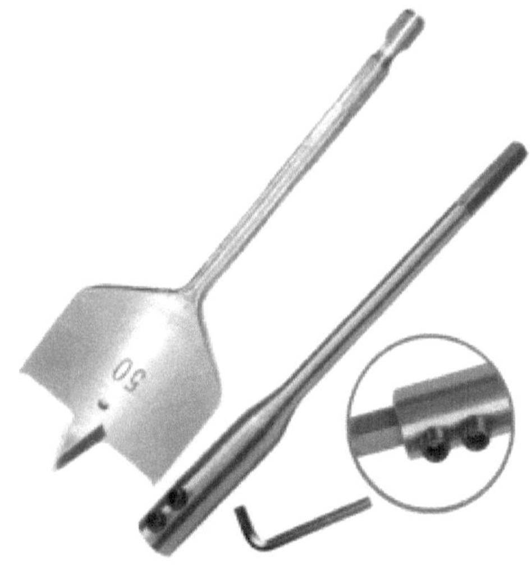


O bambu que vai no interior deve ter entre 60 e 80 cm, e os nós precisam ser bem abertos no interior (utilize uma broca chata com prolongador).

Preenchimento com argamassa ou espuma expansiva

Dois detalhes importantes para as conexões com bambu: lembre-se sempre de que eles não são perfeitamente retos, e depois de secos eles ficam mais resistentes à flexão. A largura do bambu é ligeiramente maior na região próxima dos nós, portanto as conexões em paralelo não são perfeitas.

Outro detalhe importante é que o excesso de pressão no parafuso vai fazer o bambu rachar (até mesmo os do tipo A), algo óbvio na teoria mas que a pessoa esquece na prática e aperta a porca até o limite da exaustão. Ocorre que a falta de aperto vai fazer o conjunto ficar frouxo e se soltar com o tempo, o que tampouco ajuda. A dica é simples: muita calma para não perder seu trabalho por causa de um bambu rachado e use braçadeiras, até mesmo de plástico, elas vão distribuir o esforço.

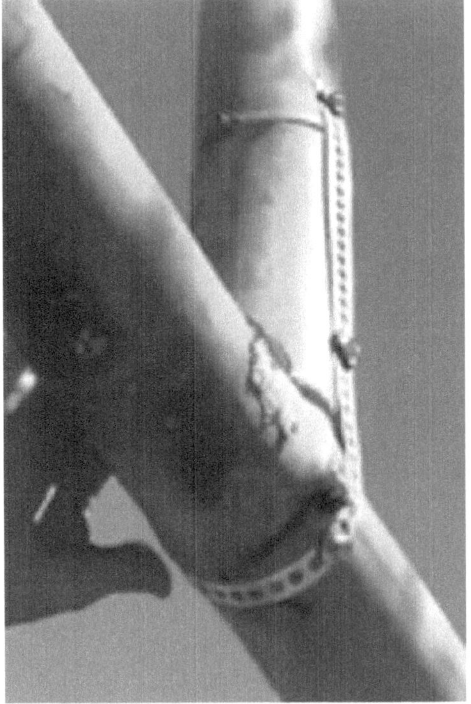

Conexão perpendicular com cinta de aço e parafuso autobrocante

Conexão longitudinal com bambu interno, parafusos e braçadeira

Coluna reforçada com viga e suporte "mão francesa", unida com chapa metálica

Você pode usar parafusos autobrocantes ou fazer os furos e depois parafusar. Na imensa maioria das vezes, se você tentar passar o parafuso diretamente, o bambu vai rachar e o parafuso vai ficar solto. Basta uma parafusadeira e muita prática para resolver isso.

Serra copo unida a um cano de aço de 60 cm, para serrar os diafragmas do bambu

Broca cone para encaixes perpendiculares

Conexão com barra roscada, sem esforço estrutural

Lembre-se de Jesus, aquele que "Não quebrará o caniço ferido nem apagará o pavio fumegante, até que faça triunfar a justiça" Mateus 12, 20. Seja um trabalhador justo, sem apertar demais nem deixar solto, tanto no seu projeto como na sua vida.

# 8. BAMBU LAMINADO COLADO (BLC) E BAMBU FATIADO COLADO (BFC)

O Bambu Laminado Colado (BLC) é um produto muito útil hoje em dia, com diversas aplicações em substituição à madeira e ao plástico, como utensílios domésticos, pisos e decorações.

O BLC, contudo, exige algumas considerações importantes: primeiro, boa parte do bambu é desperdiçada para a produção das tiras, e apenas a parte mais grossa (tipo A), vai oferecer matéria-prima suficiente. Portanto, o restante do bambu não é utilizado, ou usado em outras finalidades com baixo valor agregado (carvão, p. ex), o que não é a melhor solução em termos ambientais e econômicos.

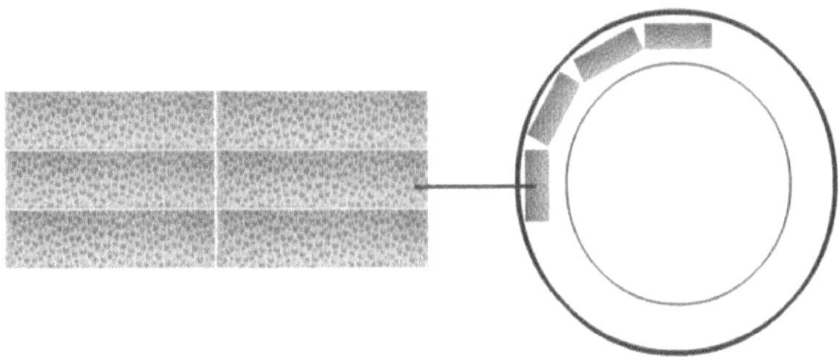

Considere também que o BLC não utiliza a casca do bambu, justamente a parte mais resistente e duradoura do material. Por isso o

BLC não é um material que pode ficar exposto ao sol e à umidade, mesmo com o tratamento preservativo e impermeabilizado.

Ainda, um relato comum de quem usa BLC em utensílios domésticos, como tábua de carne e aparador de panelas, é que a cola do produto não aguenta o calor nem resiste a impactos. As ripas se soltam e o conjunto precisa ser consertado com grampos metálicos ou jogado fora. Ou seja, um produto caro se comparado com o plástico, e se não durar o mesmo ou mais simplesmente não compensa o valor pago.

Por fim, quem pretende entrar no mercado de produção de BLC precisa fazer investimento alto em maquinário para a produção, em um mercado bastante competitivo.

Pensando em uma solução alternativa ao BLC, que considerasse essas questões, surgiu a ideia de fazer um produto mais rústico e resistente, que aproveitasse mais do bambu e mais barato e mais fácil de produzir, sem a necessidade de maquinário pesado. É o Bambu Fatiado Colado (BFC), um produto patenteado em favor de Bambu Vitae Associação de Produtores Rurais, CNPJ 57.214.289/0001-69 (ou seja, somente a Associação tem autorização para produzir e comercializar este material).

A produção do BFC é semelhante ao do BLC no início: os bambus são cortados no tamanho desejado e depois fatiados. Detalhe importante: neste momento você tem dois caminhos possíveis, fatiar o bambu e depois tratar, colocando em um tambor, ou cortar as peças, tratar com preservativo e depois fatiar.

Se for fatiar primeiro, use a faca estrela (faca de quatro, seis ou oito lâminas, dependendo da largura do bambu) e limpe os diafragmas, para aproveitar o máximo de espaço possível no tambor. Ao final, quando estiver bem seco, você vai para a serra de bancada.

Se for tratar primeiro (ou se as varas que você tratou racharem e você quiser reaproveitar), termine o processo de tratamento e depois passe cada um pela serra de bancada, para formar tiras de bambu no tamanho desejado (para um bambu de 10 cm de diâmetro, p. ex., as tiras vão ter 3,9 cm, antes de aplainar). Não tire a casca.

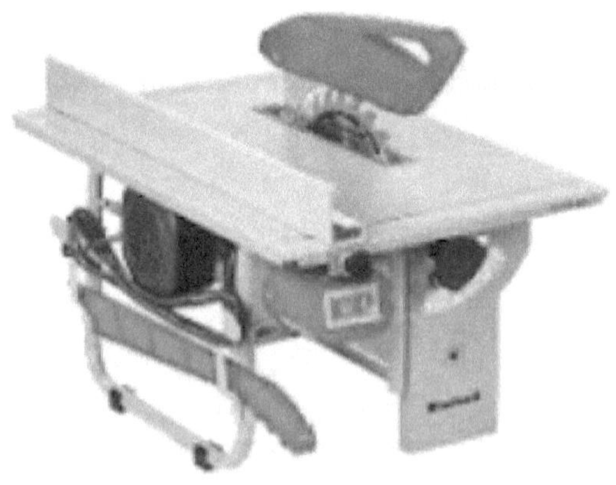

É importante que as tiras de bambu fiquem o mais retas possível, para facilitar a próxima etapa (grampeamento) e impedir que a espuma vaze pelos vãos.

Dica: para o fatiamento passe o bambu com a casca para baixo, e para tirar as beiradas e deixar bem alinhado, passe o bambu com a casca para cima.

Próxima etapa: grampear as tiras para fazer uma esteira. Vale a pena usar um compressor e uma pistola de grampos, para agilizar este processo.

Ás tiras de bambu podem ser feitas de tamanho um pouco maior do que o desejado, já que ao final da colagem as bordas do BFC vão precisar de alinhamento.

Use espuma expansiva para colar as duas esteiras de bambu grampeado, de forma que o conjunto fique bem tampado por espuma. Ao colar uma esteira na outra lembre-se de fazer um giro de 90° (p. ex., a de baixo no sentido norte-sul e a de cima no sentido leste-oeste). Cole apenas os interiores (ou seja, deixe a casca do bambu para fora).

Caso fique algum vão não preenchido com a espuma espansiva, um pouco de cola PVA resolve. Por outro lado, o excesso de espuma precisa ser removido com um estilete.

O acabamento final é o mesmo: stain e verniz. As placas são muito mais resistentes do que o BLC, porque usam também a casca do bambu. Há menos desperdício de matéria-prima, e menos investimento em produtos (a espuma expansiva é muito mais barata do que a cola) e o BFC é um excelente isolante térmico e acústico.

Para a construção de casas de bambu o BFC é uma excelente opção, basta montar a estrutura (de bambu também, óbvio) e parafusar as placas no piso, nas paredes e no forro, por baixo das telhas, com parafuso de latão tipo Philips cabeça chata.

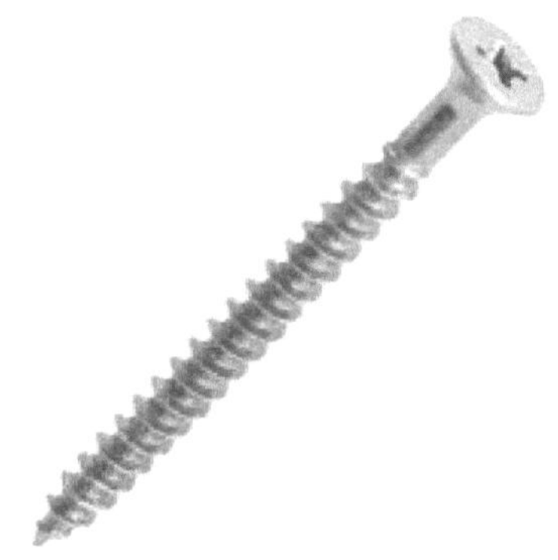

Caso a peça venha a ser usada em móveis ou pisos, por exemplo, e exija um acabamento melhor, passe uma fita crepe grossa algumas vezes nas beiradas e preencha a superfície com resina acrílica.

Tenha em mente de que o BFC não vai substituir o BLC, são aplicações bem distintas e complementares. Mas é uma inovação que pode fazer o custo de uma casa diminuir 300% (considerando mão de obra e material) em comparação com o concreto armado e alvenaria, por exemplo, torná-la mais agradável para o morador e para o meio ambiente, além de economizar no consumo de energia.

"Se o SENHOR não edificar a casa, em vão trabalham os que a edificam", Salmo 126 (127), 1. Faça a sua obra ser a Obra dEle na sua vida, e o seu trabalho será recompensado.

# 9. A PARÁBOLA DO BAMBU

O menino entrou correndo em sua casa assim que ouviu o trovão. Aquela chuva seria das grandes, e o vento soprava tão forte que esticava as suas bochechas. Vencido o caminho do riacho até a sede, encontrou sua mãe tirando as roupas do varal e seu pai arrumando as ferramentas. "Bem na hora que estava terminando de passar o trator no terreno reservado pro milharal! Esta chuva vai ajudar bastante na plantação este ano".

Depois do jantar o menino ouvia o assobio do vento na janela, pensando: "A natureza está furiosa esta noite, será que vai sobrar alguma coisa em pé amanhã de manhã?"

No dia seguinte o pai avisa: o rio transbordou e levou embora a ponte perto dos bambuzais. "Vamos juntar os peões das fazendas vizinhas e construir uma improvisada."

O menino corre para fora para analisar o campo, e um detalhe chamou sua atenção: uma araucária de mais de 50 anos estava no chão, foi arrancada com a fúria do vento. Várias árvores quebradas, um barranco deslizou e cobriu boa parte de uma voçoroca. Mas eis que um trecho do barranco estava intacto. Na parte de cima, o bambuzal, praticamente intacto.

"Uai, como estes bambus não foram levados com o vento e a chuva?" E foi correndo perguntar pro pai, imaginando que daria tempo de uma explicação antes do serviço.

O pai ouviu a indagação da criança e respondeu de maneira seca: "Virtudes". Vendo que a resposta precisava ser mais demorada para acalmar a curiosidade de seu filho, combinaram que eles conversariam no final do dia, com o serviço pronto.

O menino passou o dia imaginando coisas: "Bambu serve pra alguma coisa além de fazer pipa e vara de pescar?", "Sim, também serve pra pegar manga no pé, fazer arapuca... serve também para brincar de espingarda".

No final do dia o pai nem precisou chamar o menino, ele veio correndo para perguntar: "Afinal, o que o bambu tem que não foi derrubado pela tempestade?"

A resposta do pai foi acompanhada de um sorriso sincero. Assim que se sentou o homem começou a explicar: "O bambu tem sete virtudes, que o fazem diferente das demais plantas."

"Primeiro, o bambu não é uma árvore, não foi feito para ser majestoso como a araucária. O bambu é uma grama, que foi feita para ser pisada pelos homens. Como Deus reconheceu a humildade desta planta, resolveu que ela iria crescer e ficar maior do que as árvores daqui do sítio. O bambu é humilde, porque ele sabe o que é, uma planta pisoteada pelos homens mas exaltada por Deus".

"Segundo, o bambu tem raízes bem fundas, de onde ele busca água e nutrientes da melhor qualidade. Ele não aceita as coisas superficiais e passageiras, ainda que todas as demais plantas estejam seguindo a moda do momento. O bambu conhece o seu lugar no mundo, e por isso valoriza suas origens".

"Terceiro, o bambu só cresce para cima, para obter o máximo de sol possível. Ele não disputa a luz com outras plantas, que ficam muito apegadas ao que é rasteiro. O bambu sabe seu objetivo, que é buscar as coisas do alto, em honra a Seu Criador".

"Quarto, o bambu só existe em touceira, e no conjunto as varas são muito mais difíceis de quebrar. Se eu não cortar algumas varas todo ano, elas ficam emaranhadas e é muito mais trabalhoso de colher. O bambu sabe que precisa do seu próximo, e que seu semelhante também precisa dele".

"Quinto, o bambu é vazio por dentro, por isso ele é muito mais leve. O bambu é uma planta que renunciou a si mesma, permitindo que seu interior guarde água, abrigue animais e seja usada para tanta coisa..."

"Sexto, o bambu tem nós, a parte mais dura dele. Ele inclusive nasce sabendo quantos nós terá na vida. Só que, ao invés de ser um problema, o bambu usa seus nós para ficar mais forte, sem perder o vazio de dentro. O bambu aceita seus problemas porque sabe que o Criador usa deles para que possa crescer forte e saudável".

"Sétimo e último, o bambu é flexível, quando encontra outras forças maiores do que ele sua atitude humilde o faz curvar, mas depois ele volta ao que era antes. O bambu sabe a medida justa para passar pelas tempestades da vida sem se prejudicar".

Boquiaberto com uma explicação tão bonita, o menino tem uma ideia: "E a ponte que quebrou, vai fazer outra com bambu?"

Fascinado pela sagacidade do menino, o pai sorri e diz: "Boa ideia! Afinal, é o único material que temos disponível no momento. Mas vamos fazer com muita sabedoria, usando as técnicas adequadas, para louvar e agradecer a Deus por este presente em nossa vida, em nossa família e em nossa comunidade."

Esta parábola não tem uma religião específica, mas contém uma espiritualidade profunda. "O que o homem ganha com todo o seu trabalho em que tanto se esforça debaixo do sol? Gerações vêm e gerações vão, mas a terra permanece para sempre." Eclesiastes 1, 3. Vaidade das vaidades é a nossa vida neste bambuzal, se não tiver um fim sobrenatural.

Se você tem interesse em trabalhar com bambu, permita que o bambu também trabalhe com você.

# 10. FERRAMENTAS NECESSÁRIAS

Se você leu esta obra com atenção até aqui você sabe muito bem do que precisa. Caso não tenha anotado, vou deixar uma lista para referência.

| | | |
|---|---|---|
| Furadeira | Facão | Motosserra |
| Serra de bancada | Serra tubarão | Gasolina |
| Parafusadeira | Cordas | Óleo 2T |
| Lixadeira | Vergalhão 3/8" | Óleo antigo |
| Serra circular | Balde e Funil | Corrente |
| Discos p/ lixadeira | Manta asfáltica | Latão 200 L |
| Disco p/ serra | Óculos proteção | Abafador |
| Compressor | Calçado proteção | Grampeador |
| Parafuso latão | Thinner | Argamassa |
| Parafuso autobrocante | Pincel | Cola PVA |
| Barra roscada | Roupa proteção | Bórax |
| Porcas e arruelas | Espuma expan. | Verniz |
| Cinta metálica | Luvas | Stain |
| Chapa metálica | | |

Mas não é deste tipo de ferramenta que vamos tratar neste capítulo, e sim do seu principal ativo e investimento, o capital humano. Ou você pensa que vai fazer tudo sozinho?

Para organizar com segurança jurídica o seu grupo de trabalho, suas relações comerciais e seu patrimônio, é fundamental utilizar a forma adequada antes de mais nada, porque este é um quesito que precisa ser tratado como uma touceira de bambu: depois de plantado, não é possível mudar de lugar.

O uso de associações e cooperativas de trabalho para organizar a cadeia produtiva do bambu – desde o plantio até a manufatura – apresenta inúmeras vantagens para o desenvolvimento econômico, social e ambiental. Essa abordagem colaborativa pode transformar o setor, criando um modelo sustentável e eficaz de produção, especialmente para as diversas aplicações do bambu, como construção de casas, fabricação de móveis e desenvolvimento de produtos como o bambu Fatiado Colado (BFC).

1. Fortalecimento da produção através da união

Associações e cooperativas permitem que pequenos e médios produtores se organizem de forma conjunta, o que facilita o acesso a recursos financeiros, conhecimento técnico e insumos necessários para o cultivo e processamento do bambu. Em vez de atuarem isoladamente, os produtores podem se beneficiar do compartilhamento de maquinários, mão de obra e tecnologias de manejo, garantindo maior eficiência e escala na produção. Isso é especialmente importante para o setor do bambu, que exige técnicas especializadas para cultivo, colheita e processamento.

2. Economia de escala e aumento da competitividade

Ao se organizarem em cooperativas, os produtores conseguem vantagens que seriam inacessíveis individualmente. A compra coletiva de insumos pode reduzir custos de produção, enquanto a comercialização em conjunto facilita a negociação com grandes compradores e o acesso a mercados mais amplos. Esse modelo também possibilita a criação de marcas cooperativas que agregam valor ao produto, destacando características sustentáveis e ecológicas do bambu, o que atrai consumidores conscientes.

3. Beneficiamento e agregação de valor

A criação de cooperativas focadas no beneficiamento e manufatura do bambu permite agregar valor ao produto. O processamento do bambu em diferentes formas – como na produção de casas de bambu, móveis ou produtos como bambu fatiado colado – exige infraestrutura e tecnologia que muitas vezes são inviáveis para produtores individuais. Cooperativas possibilitam a construção de fábricas e oficinas compartilhadas, permitindo o beneficiamento local e criando novos produtos de maior valor agregado. Isso gera empregos, aumenta a renda e diversifica a economia regional.

4. Sustentabilidade ambiental

O bambu é uma planta de rápido crescimento, renovável e com baixo impacto ambiental, tornando-se uma excelente alternativa sustentável para diversos setores, como a construção civil e a indústria moveleira. Cooperativas focadas em práticas sustentáveis podem implementar técnicas de manejo que protejam o meio ambiente, assegurando a exploração responsável e duradoura do bambu. A organização em cooperativas também favorece a certificação de origem e práticas sustentáveis, algo valorizado no mercado atual. Dessa forma, o mesmo certificado pode ser utilizado por todos os cooperados.

5. Desenvolvimento regional e geração de emprego

Cooperativas de trabalho no setor do bambu podem impulsionar o desenvolvimento regional, criando oportunidades de emprego em áreas rurais e urbanas. Desde o cultivo até a manufatura, a cadeia produtiva do bambu requer mão de obra em diversas etapas, desde agricultores até artesãos e operários. Isso fortalece as economias locais, reduz a migração para grandes centros e fomenta o desenvolvimento sustentável em áreas onde a monocultura e o desemprego são problemas crônicos.

6. Inovação e compartilhamento de conhecimentos

Dentro de uma cooperativa, o conhecimento é compartilhado de forma mais eficaz. Isso possibilita a troca de experiências sobre técnicas inovadoras de plantio, colheita e processamento do bambu, bem como sobre novos usos da matéria-prima. O setor de construção com bambu, por exemplo, ainda está em expansão, e o desenvolvimento de novas técnicas e tecnologias pode ser acelerado pela cooperação entre os membros da cadeia produtiva.

7. Impacto social

As cooperativas têm um papel importante na promoção da inclusão social, especialmente em áreas onde a agricultura familiar é predominante. Ao se unirem em cooperativas, trabalhadores podem superar desafios como o acesso limitado a mercados e a vulnerabilidade econômica. O modelo cooperativo também oferece maior segurança no trabalho e melhores condições de negociação, favorecendo o bem-estar dos trabalhadores envolvidos.

As principais diferenças entre as associações e as cooperativas são:

| **Associações** | **Cooperativas** |
| --- | --- |
| Não são empresas, mas união de pessoas para fins não econômicos (art. 53, CC) | São empresas (fins econômicos), com distribuição proporcional dos resultados (art. 1.094, VII, CC) |
| Sócios não são donos, o patrimônio é constituído por doações e subvenções | Cooperados têm participação no capital social (quotas) |
| Não há participação nos lucros | As sobras das relações comerciais podem ser distribuídas, até 12% da quota ao ano |
| Não pagam IR, CSLL, PIS e COFINS, e podem deixar de pagar IPTU e ITR | O ato cooperativo não é tributado (ICMS, IPI, ISSQN) |
| Podem ser declaradas de interesse público e receber recursos financeiros do governo | Podem se unir a outras cooperativas e obter crédito específico |
| Os trabalhadores se submetem à legislação trabalhista e previdenciária | Os trabalhadores são sócios-cooperados (sem INSS ou FGTS) |
| Mínimo de 7 pessoas | Mínimo de 7 pessoas (trabalho) ou de 20 pessoas (habitacional) |
| Herdeiros não assumem nada com a morte do associado | Herdeiros são aceitos na cooperativa ou são indenizados pela quota-parte |

A principal proteção legal destas instituições do terceiro setor, como as Associações e Cooperativas, está na Constituição Federal:

*Art. 5º, XVIII - a criação de associações e, na forma da lei, a de cooperativas independem de autorização, sendo vedada a interferência estatal em seu funcionamento;"*

Associações e cooperativas devem ser compreendidas dentro de um sistema denominado Economia Democrática, no qual os próprios trabalhadores elegem periodicamente seus chefes e representantes, e se organizam por meio de consenso. desde os objetivos sociais e remuneração até a inclusão e exclusão de sócios ou cooperados. Assista este vídeo para ficar mais esclarecido: <https://www.youtube.com/watch?v=V3-byyH4eiU>.

Em suma, para tratar com o poder público a melhor opção é a associação, seja de forma ativa (repasse de recursos, legislação local favorável) como passiva (isenção de impostos), bem como com terceiros (no caso de produtores que têm interesse apenas no crédito de carbono ou na certificação ambiental).

No entanto, para o trabalhador rural (bambuzeiro) é muito mais negócio ser cooperado, porque a folha de pagamento fica desonerada e seus produtos podem ser vendidos para a cooperativa sem tributação (art. 79, par. único, Lei 5.764/71). Da mesma forma, não estão sujeitos à Justiça do Trabalho, mas à Justiça Comum, como os prestadores de serviço, por exemplo.

Portanto, se você conseguir encontrar mais meia dúzia de pessoas com o mesmo interesse que você, em trabalhar em alguma etapa da cadeia produtiva do bambu, comece primeiro com uma associação (principalmente se você não tiver um imóvel rural ainda). A partir dela, comece a reunir os meios necessários para obter recursos:

- procure proprietários rurais que tenham touceiras de bambu e peça para retirar algumas varas (a maioria vai ceder sem custo algum) e trate no local mesmo;

- procure o poder público local para obter a cessão de uso de alguma área para fazer a manufatura (mesmo que não tenha nada construído, use o bambu para fazer o que for necessário);

- procure instituições de fomento ($$$), nacionais e internacionais, que queiram subsidiar projetos de recuperação de áreas degradadas, e apresente seu projeto;

- procure as lojas de material de construção locais para deixar seus produtos à venda (além do comércio online);

- convença tanto o poder público como os proprietários rurais a fomentar práticas sustentáveis com o bambu, como a plantação de touceiras para servirem de quebra-vento nas estradas (assim você vai ter matéria-prima em fácil acesso) e obter créditos de carbono (a contraprestação do dono da terra).

Quando o seu negócio estiver consolidado, os trabalhadores devem se organizar em uma cooperativa de trabalho, e a associação será a principal cotista da cooperativa. Ou seja, cabeça de associação com corpo de cooperativa.

O imóvel rural adquirido deve ficar no nome da associação (a Prefeitura pode fazer a isenção de IPTU, ou o governo federal isentar do ITR), e a cooperativa repassa o valor do arrendamento para sua principal cotista. Todos os trabalhadores rurais bambuzeiros, por seu turno, devem ser cotistas da cooperativa de trabalho.

O comércio de produtos deve ser feitos em nome da associação (não tem como evitar a tributação neste caso, pois o produto vai sair da esfera da cooperativa), exceto os produtos que os próprios cooperados vão consumir, e também as vendas para outras cooperativas.

A associação continua representando os proprietários rurais para o repasse dos créditos de carbono (para ser economicamente viável é necessário ter um projeto aprovado envolvendo pelo menos 500 hectares de terra degradada, ou 1000 hectares de terra em geral), e este projeto precisa ser sustentável em termos econômicos, sociais e ambientais.

Uma vez que a cadeia produtiva do bambu esteja estabelecida, pode-se iniciar outras cooperativas dentro da mesma federação (e a associação como principal cotista), como uma cooperativa habitacional para construção de casas de bambu, uma cooperativa de artesãos moveleiros, de acordo com a abertura do mercado.

A organização da cadeia produtiva do bambu por meio de associações e cooperativas de trabalho é uma estratégia eficaz para promover o desenvolvimento sustentável, social e econômico. Ao unir forças, os pequenos e médios produtores conseguem acessar mercados, agregar valor ao produto, gerar emprego e renda, e ainda contribuir para a preservação ambiental. O bambu, com suas inúmeras aplicações, pode ser a chave para um futuro mais verde, e as cooperativas são o veículo ideal para que esse potencial seja plenamente realizado.

Este modelo de organização, com uma associação e uma ou mais cooperativas subordinadas (colheita e tratamento, manufatura, habitacional), não vai funcionar em todo modelo de negócio, apenas com produtos do meio rural que podem ter agregação de valor e outros negócios em complemento.

Pode ter certeza de que não é nada fácil gerenciar tantas pessoas e processos. Por isso é essencial a constância nas virtudes que o bambu nos ensina, tanto para os dirigentes como para os dirigidos (papéis que devem ser trocados constantemente, como toda democracia que seja digna deste nome).

Nos estatutos destas duas instituições deve ser estabelecido de maneira clara um processo disciplinar para excluir as pessoas (sócios ou cooperados) que cometam condutas indevidas, incompatíveis com o espírito do cooperativismo e associativismo.

Segue um modelo de associação e dois modelos de cooperativa (trabalho e habitacional), com os objetivos sociais de aproveitar a cadeia produtiva do bambu. Quando você pedir o acesso vamos solicitar o comprovante de pagamento deste livro. Se você adquiriu este livro por meios ilícitos, basta procurar qualquer livraria online e regularizar sua situação conosco.

Modelo Estatuto de Cooperativa de Trabalho

<https://docs.google.com/file/d/1vWn0QYxGXiCgoEjTXV3FJ4-neL1j2nVW/edit?usp=docslist_api&filetype=msword>
Modelo Estatuto de Cooperativa Habitacional
<https://drive.google.com/file/d/1UqIIJH4hloQStm7ioPRT8Lx_oeCVKfcd/view?usp=drivesdk>
Modelo Estatuto de Associação
<https://docs.google.com/file/d/1AmjFonwiGsgXMPudDi4vwei9Is-Kryed/edit?usp=docslist_api&filetype=msword>

"O que adianta alguém ganhar o mundo inteiro, mas perder a vida verdadeira? Pois não há nada que poderá pagar para ter de volta essa vida." Marcos 8, 36. Não deixe a inveja e a ganância tomarem conta do seu empreendimento, porque elas corroem qualquer relação social.

# 11. BREVE ANÁLISE DE MERCADO

O mercado de produtos de bambu tem crescido de maneira significativa nos últimos anos, impulsionado por tendências globais de sustentabilidade, inovação e conscientização ambiental. O bambu, uma planta de rápido crescimento, tem se destacado como uma matéria-prima versátil e ecologicamente correta em diversos setores. O que antes era visto como artesanato descartável de *hippies* passou a ter nichos bastante disputados. A seguir, os principais fatores que impactam este mercado:

1. Sustentabilidade e Responsabilidade Ambiental

- Alta Taxa de Crescimento: O bambu cresce muito mais rápido que outras fontes de madeira (algumas espécies crescem até 1 metro por dia) e pode ser colhido sem a necessidade de replantio. Isso o torna uma alternativa sustentável a madeiras tradicionais e outros materiais que exigem anos para serem renovados.

- Carbono Neutro: O bambu é altamente eficiente em capturar dióxido de carbono da atmosfera, ajudando a combater o efeito estufa. Isso tem atraído empresas e consumidores que buscam produtos com menor pegada de carbono.

- Biodegradável: Os produtos de bambu são, em grande parte, biodegradáveis, o que reduz o impacto ambiental após o descarte.

2. Diversidade de Aplicações

- Construção Civil: O bambu está sendo utilizado em construções sustentáveis, substituindo madeira, concreto e aço em certas aplicações. É leve, resistente e flexível, o que o torna ideal para projetos arquitetônicos ecológicos.

- Móveis e Decoração: Móveis de bambu têm ganhado espaço por seu design moderno e sustentável, além de serem duráveis. A crescente demanda por produtos de decoração *eco-friendly* também favorece esse segmento.

- Moda e Têxtil: O bambu é utilizado para produzir tecidos naturais, suaves e respiráveis, o que atrai marcas e consumidores preocupados com o meio ambiente. O setor de moda sustentável está adotando o bambu para substituir tecidos sintéticos e de algodão.

- Produtos de Consumo: Escovas de dentes, talheres, canudos e utensílios domésticos feitos de bambu são alternativas aos produtos plásticos. Este segmento tem visto um crescimento significativo devido à demanda por itens recicláveis e livres de plástico.

3. Inovação Tecnológica e Processamento

- Novas Técnicas de Processamento: A inovação no processamento do bambu permite que ele seja utilizado de formas mais variadas. Processos que melhoram a resistência, a flexibilidade e a durabilidade do bambu têm permitido sua aplicação em segmentos industriais, como na fabricação de pisos, painéis laminados e até bicicletas.

- Nanotecnologia: O uso da nanotecnologia no processamento do bambu está ajudando a criar produtos de bambu com propriedades antibacterianas, resistência à água e maior durabilidade, o que amplia as possibilidades de mercado.

4. Mercado Global e Tendências Regionais

- Ásia: O bambu é uma matéria-prima amplamente utilizada em países asiáticos, principalmente na China e na Índia. A China é o maior produtor e exportador de produtos de bambu no mundo, enquanto a Índia está investindo no setor para criar oportunidades econômicas rurais.

- Europa e América do Norte: Nestes mercados, o bambu tem sido amplamente adotado em produtos *eco-friendly*, como canudos, utensílios de cozinha e itens de decoração, atendendo a uma demanda crescente por alternativas ecológicas.

- América Latina: Países como Brasil e Colômbia possuem vasta biodiversidade de bambu, com potencial para expandir sua produção. No Brasil, iniciativas de produção de bambu estão surgindo em resposta ao mercado sustentável.

5. Desafios e Oportunidades

- Falta de Infraestrutura e Conhecimento Técnico: Embora o bambu tenha grande potencial, em muitas regiões falta a infraestrutura adequada para explorar essa planta de forma eficiente e sustentável. O desenvolvimento de tecnologias de processamento e formação técnica é crucial.

- Certificação e Padrões de Sustentabilidade: À medida que o mercado cresce, surgem questões sobre a rastreabilidade e certificação de produtos de bambu. Certificações como o FSC (Forest Stewardship Council) são importantes para assegurar práticas sustentáveis na cadeia produtiva.

- Educação e Conscientização do Consumidor: A promoção dos benefícios do bambu, como sustentabilidade e durabilidade, é vital para aumentar a demanda. Muitos consumidores ainda não estão totalmente informados sobre as vantagens ambientais e econômicas dos produtos de bambu.

O mercado de produtos de bambu está em plena expansão, impulsionado pela demanda por alternativas sustentáveis em várias indústrias. Apesar de alguns desafios, como a necessidade de maior infraestrutura e conhecimento técnico, o potencial de crescimento é elevado. Empresas que apostam em inovação e sustentabilidade podem aproveitar essa tendência global, criando uma cadeia de valor que favorece tanto o meio ambiente quanto a economia.

Outra oportunidade de aproveitamento do bambu é a construção de casas com o método *bamboo frame*, dentro das normas da ABNT, e as placas de bambu fatiado colado. Num cenário de transição da vida urbana para o ambiente rural, por pessoas buscando mais qualidade de vida, uma cooperativa habitacional de casas de bambu é a solução ideal para quem quer viver no campo sem precisar gastar uma fortuna.

Considere ainda os ganhos indiretos. Quanto crédito de carbono é gerado em um hectare de bambu lenhoso? Vou descrever o cálculo para as espécies Dendrocalamus Asper e Guadua Angustifolia, por serem os campeões neste quesito.

Em um hectare (10.000 m²) temos 250 touceiras de bambu (plantadas em um espaço de 5x8 m, cobrindo 40 m²). Em uma touceira temos em média 20 bambus, considerando que alguns não se desenvolvem e são retirados para deixar espaço para os melhores.

Depois de 5 anos de sua brotação uma vara de bambu lenhoso tem massa de no mínimo 50 kg. Para nosso cálculo vamos considerar apenas a parte que vai ser aproveitada (ou seja, a ponta, os galhos e as folhas são desconsiderados). Destes 50 kg temos 40 kg de biomassa (80%), na forma de celulose ($C_6H_{10}O_5$), e lignina ($C_{11}H_{14}O_4$), além da glicose ($C_6H_{12}O_6$) misturada a 10% de água (formando a seiva da planta) e 10% de outros minerais. Desses 45 kg de biomassa e seiva temos aproximadamente 45% de carbono, ou 20 kg.

Vale lembrar que todo este carbono saiu da atmosfera, pela absorção de dióxido de carbono ($CO_2$) para o bambu realizar fotossíntese. Nenhuma planta retira carbono de outro lugar a não ser do ar.

Se um bambu absorve 20 kg de carbono até seu amadurecimento (5 anos), uma touceira com 20 colmos absorve 400 kg de carbono em 5 anos (considerando que a touceira já está formada), a conclusão é que uma touceira absorve **80 kg de carbono por ano**.

A partir do quinto ano pode-se (e deve-se) fazer o manejo sustentável destas touceiras, extraindo até 5 varas de cada uma. Em um hectare temos 5 varas x 250 touceiras = 1250 varas de bambu por hectare, disponível para colheita todos os anos. Pode contar com uma margem de 4% de varas que não vão ficar boas o suficiente para o comércio (rachaduras, tratamento incompleto, buracos de insetos, etc), ou **1200 varas/hectare**.

Cada vara de bambu absorveu 20 kg de carbono da atmosfera em um ano, portanto em um hectare temos um sequestro de carbono de 20 x 1.250 = 25.000 kg (25 toneladas, ou **25 créditos de carbono**), todos os anos, **a partir do quinto ano** da formação da touceira (já que todos os anos o empreendimento exige que se colham os bambus maduros, e todos os anos as touceiras vão lançar novos brotos).

Guarde estas referências por hectare/ano: 1200 varas e 25 créditos de carbono.

A partir daí temos condições de calcular os rendimentos, pois cada vara de bambu (3 m), tratada e impermeabilizada, vai ter um preço diferente no mercado.

## CÁLCULO DE VIABILIDADE ECONÔMICA RENTABILIDADE

Depois de formada a plantação de bambu (cinco a sete anos a partir do plantio) é possível obter de 1000 a 1200 varas de 15 metros de bambu por hectare por ano, na seguinte proporção:

- 1000 a 1200 varas de 3 metros com propriedades estruturais (paredes do bambu maiores que 1 cm), denominadas bambu tipo A;

- 2000 a 2400 varas de 3 metros para utilização em BFC, móveis, paredes sem esforço estrutural, denominadas bambu tipo B;

- 2000 a 2400 varas de 3 metros para utilização em forros, conexões entre bambus, artesanato e decoração, denominadas bambu tipo C.

Os valores de mercado variam de R$ 30,00 (tipo A), R$ 20,00 (tipo B) a R$ 10,00 (tipo C) por vara, de acordo com suas propriedades.

Portanto, em um hectare teremos rendimento bruto de:
- R$ 30.000,00 a R$ 36.000,00 para os bambus tipo A;
- R$ 40.000,00 a R$ 48.000,00 para os bambus tipo B;
- R$ 20.000,00 a R$ 24.000,00 para os bambus tipo C.

Total de R$ 90.000,00 a R$ 118.000,00 por hectare de bambu tratado e impermeabilizado, por ano.

## CUSTOS VARIÁVEIS

- O principal produto para o tratamento químico do bambu é o bórax, comercializado a R$ 28,00 por kg. São necessários 1000 kg de bórax para tratar 5000 varas de 3 metros de bambu (R$ 28.000,00 ano).

- Para a impermeabilização é utilizado o Stain, comercializado a 850 reais a lata de 18 L (galão). São necessários 25 galões de Stain para impermeabilizar 1000 varas de bambu de 3 metros (R$ 21.250,00).

- Outros custos variáveis incluem o pagamento de pessoal (R$ 15.000,00 ano), combustível e lubrificantes (R$ 3.500,00 ano), logística (R$ 6.000,00), peças de reposição e manutenção (R$ 4.000,00) e encargos tributários (R$ 2.500,00).

Custos variáveis totais de aproximadamente R$ 80.250,00, por hectare e por ano, gerando um lucro líquido de R$ 37.750,00 por hectare por ano.

Em cinco alqueires (242.000,00 m2, ou 24,2 he), temos um saldo positivo estimado de R$ 913,550,00 por ano.

RETORNO DO INVESTIMENTO

Considerando os custos iniciais de R$ 3.000.000,00 (incluindo a compra de cinco alqueires de terra, ferramentas e insumos) e o máximo de vendas por hectare (R$ 118.000,00), e as vendas a partir do sétimo ano, é possível prever que o empreendimento terá rentabilidade a partir do NONO ANO de sua implementação, considerados desde o plantio (1º ano).

Contudo, é importante salientar que o aumento da oferta de bambus tratados no mercado vai fazer seu preço de venda ao consumidor cair consideravelmente e no longo prazo, mas mesmo neste caso pode haver um aumento na demanda, levando à estabilização dos preços a um valor de 10 a 20 % mais baixos do que as previsões acima, mas ainda mantendo uma taxa de lucro considerável.

Note que o BLC, BFC e as casas feitas no método *bamboo frame* tem muito mais valor agregado, gerando uma rentabilidade muito maior. O estado final desejado é oferecer uma solução completa para o bambuzeiro: uma cooperativa para trabalhar, uma cooperativa habitacional para ter onde morar com sua família (vai construir a própria casa ou comprar com seus rendimentos) e uma associação para defender seus interesses (o leque é enorme, desde seguro de vida até plano de saúde).

Um BLC de 80 x 80 cm (que consome 2 peças de bambu tipo A, preservativos e cola) é comercializado em média a R$ 200,00, e um BFC (que usa 2 peças de bambu tipo B, grampos, espuma expansiva e preservativos), pode ser vendido a R$ 120,00.

Já uma casa de 120 m² construída com bambu vai custar aproximadamente R$ 150.000,00 (aproximadamente 800 placas de BFC, 300 bambus tipo A, 600 bambus tipo B e 300 bambus tipo C, mais ferragens), além das portas, janelas e vidros (pode fazer com bambu também, por que não?) e também a parte elétrica, hidráulica, biodigestor, cisterna, boiler, paineis solares, que não é possível fazer com bambu (mas para quem quer viver no campo é absolutamente necessário).

No total uma casa de bambu de 120 m², pronta pra morar, vai custar aproximadamente R$ 300.000,00, quatro vezes menos do que uma casa de concreto armado e alvenaria. É pegar ou largar.

Lembre-se que com a aquisição de um imóvel rural você vai precisar aguardar de cinco a sete anos para suas touceiras oferecerem toda esta quantidade de bambu, portanto o retorno financeiro vai chegar apenas no nono ano de investimento.

Já o crédito de carbono tem sido comercializado por US$ 3,40, mas as variações são enormes. No Brasil ainda não existe uma regulamentação específica para este mercado, apenas o Projeto de Lei 2.148/2015, que Institui o Sistema Brasileiro de Comércio de Emissões de Gases de Efeito Estufa (SBCE), mas ainda não aprovado.

Os créditos de carbono gerados pelo sequestro de carbono com bambu podem ser comercializados em mercados de carbono regulados ou voluntários. Para que um projeto de plantio de bambu seja elegível para a geração de créditos de carbono, ele precisa seguir normas e padrões de certificação estabelecidos, como os padrões Gold Standard, VCS (Verified Carbon Standard) ou CCB (Climate, Community & Biodiversity).

Uma forma indireta de trocar seus créditos de carbono é fazer uma cooperação com o Ministério Público Ambiental, responsável por denunciar crimes contra o meio ambiente. Basta acertar com uma empresa que tenha assinado um Termo de Ajuste de Conduta (TAC) com o promotor público para evitar um processo criminal por poluição, desmatamento etc, e oferecer uma solução que agrade a todos: a empresa paga para que a associação/cooperativa recupere a área degradada como forma de extinguir o processo. A empresa ganha a sua reputação de volta, o meio ambiente ganha a revitalização do local, e a associação/cooperativa ganha o recurso necessário para começar seu empreendimento com bambu. Excelente negócio.

O plantio de bambu para obtenção de créditos de carbono oferece uma oportunidade promissora tanto do ponto de vista ambiental quanto econômico. Sua alta eficiência na captura de carbono, sustentabilidade e multifuncionalidade tornam o bambu uma alternativa interessante para proprietários de terras, investidores em projetos de carbono e comunidades locais. No entanto, o sucesso desses projetos depende de um planejamento cuidadoso, monitoramento adequado e certificação rigorosa para garantir a eficácia na mitigação das mudanças climáticas e a geração de benefícios ambientais e sociais duradouros.

# 12. CONCLUSÃO

Uma análise comparativa da competitividade do bambu em relação a outros materiais de construção, como madeiras, plásticos e concreto armado, demonstra que o bambu também tem seu potencial.

* mais barato que a madeira;

* mais durável que o plástico;

* mais fácil manejo do que o concreto;

- Desse modo, o bambu encontra o equilíbrio entre preço, durabilidade e praticidade em relação aos demais materiais no mercado, mas sem ferir nichos específicos de mercado, como pontes de concreto, alguns plásticos descartáveis e madeiras de lei.

- Considerando fatores como custo, resistência, durabilidade, sustentabilidade ambiental, facilidade de manuseio e estética, destaca-se as vantagens do bambu e de forma a posicionar nossos produtos de forma estratégica no mercado.

O bambu tem uma taxa de crescimento rápida, que pode chegar a até 1 metro por dia, dependendo da espécie e das condições de cultivo. Essa característica permite que o bambu capture grandes quantidades de $CO_2$ em um curto espaço de tempo. Em comparação com outras plantas, o bambu tem uma capacidade excepcional de sequestrar carbono

O bambu absorve entre 30% a 35% mais carbono que muitas árvores típicas, o que o torna altamente eficiente em termos de mitigação das emissões de gases de efeito estufa.

O sistema radicular do bambu também contribui para o sequestro de carbono no solo, uma vez que retém carbono na biomassa subterrânea, promovendo a melhoria do solo e a sua regeneração.

Uma das vantagens do bambu em relação a outras culturas florestais é que ele pode ser colhido sem a necessidade de replantio, pois novas hastes crescem a partir do rizoma existente. Isso torna o plantio de bambu uma solução florestal sustentável para captura de carbono, reduzindo a necessidade de desmatamento e proporcionando benefícios contínuos:

O bambu pode ser colhido todos os anos a partir de 5 anos, ao contrário das árvores que precisam de décadas para crescer. Isso significa que as áreas plantadas com bambu podem gerar créditos de carbono de forma mais contínua.

Além de capturar carbono, o bambu pode ser utilizado para diversos fins, como construção, biocombustíveis, papel e produtos têxteis, o que pode gerar rendimentos econômicos adicionais para os proprietários das terras e fomentar a economia circular.

O bambu é conhecido por sua resistência à erosão do solo e capacidade de regenerar áreas degradadas, o que o torna uma ferramenta eficaz para a recuperação ambiental. Isso é particularmente valioso em áreas com risco de desertificação, onde o bambu pode ajudar a estabilizar o solo, reter a umidade e restaurar a biodiversidade.

Em regiões onde o solo foi severamente degradado, o plantio de bambu pode ajudar a reverter os danos ambientais e trazer de volta a vegetação nativa com o tempo, enquanto sequestra carbono.

O bambu tem uma alta tolerância a condições climáticas extremas, o que o torna uma opção viável em regiões que enfrentam os impactos das mudanças climáticas, como secas prolongadas ou enchentes.

Os créditos de carbono gerados pelo sequestro de carbono com bambu podem ser comercializados em mercados de carbono regulados ou voluntários. Para que um projeto de plantio de bambu seja elegível para a geração de créditos de carbono, ele precisa seguir normas e padrões de certificação estabelecidos, como os padrões Gold Standard, VCS (Verified Carbon Standard) ou CCB (Climate, Community & Biodiversity).

Projetos de bambu que buscam vender créditos de carbono precisam ser validados por auditorias de terceiros, que certificam que o sequestro de carbono é real, adicional (não teria ocorrido sem o projeto) e verificável.

Com a intensificação dos esforços globais para combater as mudanças climáticas, há uma demanda crescente por créditos de carbono de alta qualidade. O bambu pode fornecer créditos de carbono "premium", uma vez que, além de capturar carbono, promove benefícios sociais e ecológicos.

Embora o bambu ofereça muitas vantagens, há também alguns desafios a serem considerados.

É necessário um sistema eficaz de monitoramento e verificação contínua da quantidade de carbono sequestrado para garantir a integridade dos créditos de carbono gerados.

Embora o bambu esteja ganhando espaço no mercado de carbono, alguns compradores ainda priorizam projetos florestais tradicionais. No entanto, isso tende a mudar conforme mais projetos de bambu forem sendo implementados e bem-sucedidos.

O sucesso do plantio de bambu depende das condições locais, como o tipo de solo, o clima e a disponibilidade de água. Em algumas regiões, pode ser necessário fazer adaptações para garantir o sucesso dos projetos.

Para um projeto ser bom, é necessário agradar a todas as partes envolvidas. No nosso caso, o homem, a natureza e Deus.

O trabalho com bambu é bom para o homem, porque é fácil de plantar e dar manutenção, o material tem diferentes utilidades e gera emprego e renda suficiente para si e sua família.

Trabalhar com bambu também é bom para a natureza, porque absorve $CO_2$, contém a erosão, recupera o solo e pode ser propagado rapidamente no pós-incêndio.

Para Deus é bom também, porque é um material mais simples e rústico, de fácil acesso e barato, permitindo a ascese, a humildade e o desapego das coisas deste mundo.

Apesar da ousadia do título desta obra (Bambu de A a Z), não temos a pretensão de esgotar absolutamente tudo o que pode ser escrito sobre o bambu, pois esta tarefa seria impossível. Nossa proposta é permitir que você tenha acesso a este conhecimento e faça suas próprias descobertas.

Citando Isaac Newton: "Se consegui enxergar mais longe do que os outros, é porque estava apoiado no ombro de gigantes". Espero que futuramente você possa também acrescentar conhecimento técnico e científico sobre esta planta tão formidável.

"O temor do Senhor é o princípio do saber" (Provérbios 1,7). Use este conhecimento com muita sabedoria, de acordo com os planos de Deus na sua vida.

Muito obrigado, e que Deus te abençoe e proteja sempre.

BAMBU!!!

### ###

Este livro representa a opinião do autor e nada mais; ele não representa a opinião de nenhum governo, organização ou terceiro.

Da mesma forma, ele não contém informação sensível ou confidencial. Sempre jogo pelas regras.

Obrigado pelo seu interesse em ler este livro. Meus sinceros agradecimentos.

Certamente muita gente não vai concordar com ele, como é comum em qualquer discussão ... Portanto, gostaria de saber o seu ponto de vista.

Fique à vontade para enviar sugestões, comentários e opiniões para rogeriocietto@gmail.com, Assunto Bambu Vitae – Bambu de A a Z. Seu email é muito bem vindo.

Outros livros publicados, disponíveis nas principais livrarias online, em diversos idiomas:

- Armadura do Cristão – Preparação e engajamento no combate espiritual

- Ecolar – Uma visão holística sobre a vida sustentável

- O Leão e o Dragão – um conto fictício sobre economia e política

- Combatendo o bom combate – como lutar contra o terrorismo com uma missão de paz

- O fuzível do fuzil – o terrorismo como marco jurídico para aplicação do Direito Internacional Humanitário

- Eram os santos astronautas? – uma visão transcendente sobre a exploração do Universo

Lamento informar que você não me encontrará no Facebook, Twitter, Orkut ou qualquer outro meio.

Algumas informações sobre mim:

Formação Acadêmica

1998 - 2002 - Graduação em Direito.

Faculdade de Direito de Itu, Faditu, Brasil

2004 - 2005 - Pós-graduação en Direito Tributário.

Faculdade de Direito de Itu, Faditu, Brasil

2008 - 2008 - Pós-graduação em Aplicações Complementares às Ciências Militares - Direito.

Escola de Administração do Exército, EsAEx, Salvador, Brasil

2009 - 2010 - Pós-graduação (Especialização) em Direito Internacional Humanitário

Programa HUMANMED - Université de Nice, France

2011 - 2012 – Qualificação Profissional em Operações de Paz

Peace Operations Training Institute, United States of America

2016 – 2016 – Curso de Aperfeiçoamento Militar em Direito

Escola de Aperfeiçoamento do Exército Brasileiro
2018 – 2019 – Pós-graduação em Direito Militar
Centro Universitário Sul de Minas, Brasil
2020 - 2021 – Master Universitario en DDHH, DIH y Direito Operacional
Universidad Antonio de Nebrija, España
Organizações Militares em que estive:
2008 - Escola de Administração do Exército, Salvador, Brasil
2009 – 8ª Região Militar, Floresta Amazônica, Belém, Brasil
2010 – Companhia de Fronteira Amapá, Oiapoque, Brasil
2011 – Departamento de Engenharia e Construção, Brasília, Brasil
2012 – Batalhão Brasileiro no Haiti, Port-au-Prince, Haiti
2013 – Comando de Operações Especiais, Goiânia, Brasil